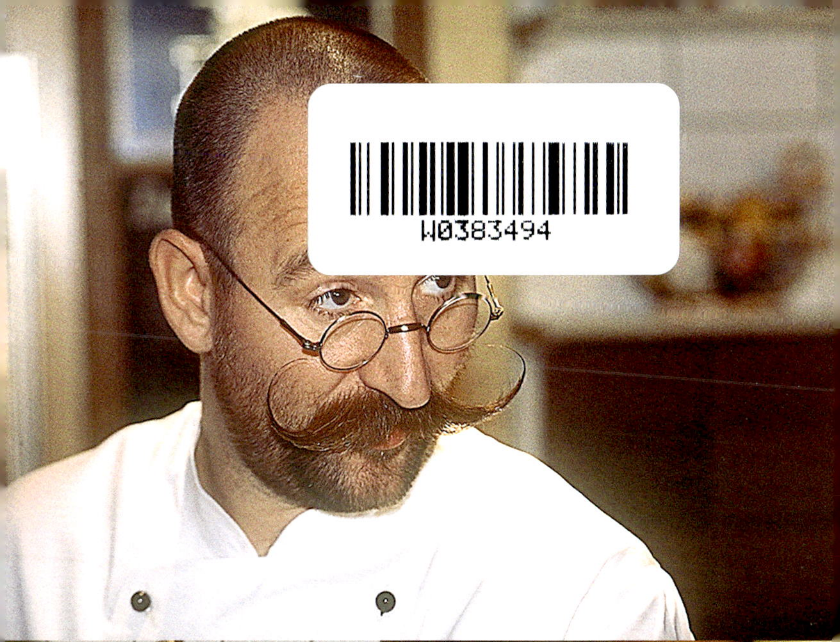

ADOX

untergeordnete Rolle, auch wenn man alle Rezepte schnell und einfach nachkochen kann. Es sind die fröhlich-frechen Sprüche, in die Horst Lichter sein Rezept verpackt, seine verschmitzt-augenzwinkernde Mimik, die er mit seinen Markenzeichen Zwirbelschnäuz und Brille zu zaubern imstande ist, und die Kunst, Sprache und Körpersprache mit der Handlung des Kochens so zu vereinen, dass ein Gesamt(koch)-kunstwerk entsteht, welches wöchentlich Millionen Zuschauer zu seinen Fans werden lässt. Und alle freuen sich auf den Moment, wenn Horst, wie er sagt, wieder ein „Messerspitzchen Butter" oder ein „Schüsschen Sahne" hinzufügt – die Kamera straft ihn Schwindeln, wenn sie im ersten Fall so ungefähr ein Viertelpfund und im zweiten einen ganzen Becher zeigt, die in der Pfanne verschwinden –, seine neuesten Errungenschaften in Sachen „Pöttches und Kännches" präsentiert („Is dat nich wieder ein jeckes Schüsselchen?") und sich zum Schluss mal wieder ein „Tässchen Bier" trinkt. Horst kocht mit Herz, Humor und großem Hunger, und deshalb lieben ihn die Menschen.

Dem WDR hat Horst Lichter seine große Popularität zu verdanken, die ihn mittlerweile in zahlreiche andere Fernsehsendungen hinein brachte – bei Stefan Raab war er zu Gast, RTL Exklusiv portraitierte ihn. Seinen Erfolg jedoch, den verdankt er ausschließlich sich selbst. Wer Horst Lichter als Koch kennen lernt – und das taten viele, längst bevor das Fernsehen auf ihn aufmerksam wurde – abends als Gast in seiner Oldiethek, spürt, dass hier jemand konsequent sein Ding macht, seinen Traum verwirklicht: „Hier ist all das drin, was ich gut finde, hier wird gekocht, wie ich es mag. Lichter's Oldiethek ist ein reiner Ego-Trip", formuliert er es selbst. Dass hier alles so ist, wie es ist, hat eine Geschichte, genauso wie jeder Teller, jede Gabel, jeder Löffel, mit denen der Gast isst, jeder Stuhl und Tisch, auf und an dem er sitzt, die „Pöttches und Kännches", mit denen Horst arbeitet, jeder Balken, den er in seine Oldiethek eigenhändig einbaute, und jedes Teil der überwältigend umfangreichen, ja erschlagenden Sammlung von Antikem, Trödel, Büchern, Zeitschriften und Motorsport-Devotionalien, die Horst in seiner Oldiethek angesammelt hat. Eine Geschichte, die vor allem mit Horsts Visionen auf der einen und mangelndem Geld auf der anderen Seite zu tun hat. Und die den unvorbereiteten Gast, der abends zum Essen kommt, angesichts der bereits im Eingangsbereich vorhandenen alten Automobile, Motorräder, Truhen, Schränke, Schaufensterpuppen und Pappmaché-Figuren, Blech- und Emailschildern, Kunst und kunstgewerblichen Objekte verwirrt, irritiert, zuweilen seinen Fluchtinstinkt animiert. Lichter's Oldiethek ist anders als alle an-

@ Horst Lichters Fernseh-Rezepte können im Internet abgerufen werden unter: www.wdr.de/tv/nrwammittag

Kurios köstlich.

Horst Lichter kocht mit Gästen

Martina Vogt
Michael Lübke (Fotos)

Droste • Regional

Inhalt

„Das hier kann man doch gar nicht beschreiben, das kriegt man nicht hin."
Manfred Kronen

Mit Herz, Humor und Hunger – der (Fernseh-) Koch Horst Lichter	4
Der Koch als Entertainer, die Küche als Bühne	11
Lichter's Oldiethek – ein Spiegel seines Lebens	13
Wie Horst Lichter argwöhnische Skeptiker überzeugt: Gabriela Picariello	16
Horst und die holde Wirtin: Gertrud Schnitzler-Ungermann	26
Ich bin der Lichter und kein Dichter!: Joseph Anton Kruse	36
Die Herren der Pöttches und Kännches: Bernd Hakenjos	48
Sind Männer Schweine?: Mischa Kuball	60
Jecke Sößkes, Räkelieser und Kawenzmänner: Monika Voss	70
Jede Menge Grünzeug und Schweine im Bett: Bärbel Höhn	80
Schwein gehabt – und gut gegessen: Jürgen Büssow	94
„Du bist wie meine Mutter": Marie-Luise Smeets	106
Plastik, gar nix fantastik: Manfred Kronen	118
Bravouröse Butzheimer Bachforelle und die holde Weiblichkeit: Helmut „Auto" Becker	132
Seeteufelchen à la Daisy, Ferrari-Nudeln und „Sößchen à la dich": Daisy Lang	144
Alles auf einen Blick	156

Mit Herz, Humor und Hunger – der (Fernseh-) Koch Horst Lichter

Was das Fernsehen so alles bewirken kann. An einem nicht ganz sonnigen Sommertag sitzt Horst Lichter mit seiner Lebensgefährtin Nada und Küchenhelferin Daniela in der überdachten Laube vor seiner Oldiethek und wartet auf Bärbel Höhn, die gleich mit ihm für „Kurios köstlich“ kochen wird. Nada und Daniela putzen eine große Schüssel mit grünen Bohnen, die Horst zuvor beim Bauern nebenan erstanden hat – heute Abend werden sie auf die Teller in Lichter's Oldiethek kommen. Statt der erwarteten Dienstlimousine fährt zunächst ein VW Golf mit Pinneberger Kennzeichen auf den kleinen Parkplatz vor dem Haus. Eine junge Frau steigt aus, schaut sich suchend um, sieht Horst, und ihr Gesicht verwandelt sich in ein einziges Strahlen. „Wenn ich Sie hier sehe, dann bin ich ja richtig“, sagt sie glücklich und traut sich, sich der Laube auf einige Schritte zu nähern. Sie würde gerne einen Tisch reservieren, und zwar schon für nächste Woche Dienstag. „Dienstag ist schlecht, und auch ansonsten sind wir für die nächsten drei Monate ausgebucht, freitags und samstags sogar bis Ende des Jahres. Aber jetzt gib mir doch erst mal ein Händchen, so, und dann geh mal rein, meine Kollegin guckt mal, was sich da machen lässt.“ Die junge Dame ist selig. Was macht das schon, wenn man auf das ersehnte Abendessen noch warten muss – schließlich hat Horst ihr die Hand geschüttelt.

Von einer solchen Popularität hätte Horst Lichter noch vor wenigen Jahren nicht einmal geträumt. Seit November 1999 zeigt der WDR sein „Rezept der Woche“ jeden Freitag zur besten Essenszeit in der Sendung „NRW am Mittag“, seit einiger Zeit wiederholt er es am Dienstag Abend in der Lokalzeit. Was Horst da auf seinem 150 Jahre alten Kohleherd in seiner maximal 12 qm winzigen Küche kocht, ruft bei dem einen oder anderen Kochkundigen amüsiertes bis entsetztes Erstaunen hervor, wenn er unbekümmert so kuriose Zusammenstellungen wie zarten grünen Spargel mit kräftigem Rosmarinschinken und zwei (!) Päckchen Buko-Käse kombiniert, wenn er das zum Rindersteak bereitete Grünzeug – Kohlrabi, Aubergine, Sellerie – kurzerhand „Kalauer Gemüse“ tauft oder aus zwei Nackenkoteletts das „Motorradfahrer-Menü“ macht; wenn er, seinen ganz persönlichen Vorlieben frönend und jegliche zeitgemäße Kochtrends ignorierend, Butter und Sahne in rauen Mengen einsetzt, die deren Funktion als Geschmacksträger nun wirklich nicht rechtfertigen. Und richtig, eigentlich spielt das Rezept in Horsts fernsehgewordenen Kochtipps eine

deren Restaurants, es ist im ursprünglichen, nicht im mittlerweile abgegriffenen Sinne des Wortes authentisch, „ehrlich“, wie Horst selber sagen würde, ein Spiegel des Lebens und der Seele seines Initiators. Horst Lichter's Oldiethek – eine wahrgewordene Vision.

Jedem Gast, den Horst und der Droste Verlag für die Verwirklichung von „Kurios köstlich“ einluden, wurde zunächst eine gründliche Führung zuteil, damit dieser verstehen möge, was die Oldiethek zu dem machte, was sie heute ist. Da sind zunächst die Gasträume, in denen insgesamt 70 Gäste Platz finden. Die beliebtesten Plätze sind natürlich die an den drei Tischen, die direkt der Küche angeschlossen sind und von denen aus man den Meister am Herd beobachten kann: Drei lange Tafeln, an denen jeweils rund acht Personen Platz finden, umrahmt von Wänden, die über und über mit Visitenkarten, Postkarten, bekritzelten Zetteln und allerlei Fotos behängt sind. Ein Kanadier sei der erste gewesen, der hier seine Karte aufgehängt habe, erzählt Horst. Seitdem hänge hier jeder seine Karte auf und schreibe irgendetwas dazu, und eine Renovierung habe sich damit ein für allemal erledigt.

Eine krude Mischung auch das Sammelsurium von Bestecken, Tellern und Kerzenleuchtern, mit denen die Tische eingedeckt sind, eindrucksvoll unterstrichen mit Tischdecken, die Horst Omas Truhe entnommen zu haben scheint. Eine Situation, die entstand, weil Horst sein Restaurant ohne jeden Pfennig startete, bei Verwandten, Freunden und Nachbarn einsammelte, was diese nicht mehr brauchten, aber noch voll funktionsfähig war. „Das ging soweit, dass manche Gäste später dachten, man müsse was mitbringen, um hier essen zu können, und auch heute noch kriege ich ganz viele schöne und alte Dinge von meinen Gästen geschenkt. Ich finde es wichtig und richtig, diese alten Gegenstände noch zu gebrauchen und nicht wegzuwerfen. Jedes Messer ist anders, jede Gabel ist anders, jeder Teller und jede Tischdecke."

Weiter geht die Führung durch den angeschlossenen alten Zirkuswagen, in dem sich weitere Tische befinden. „Den haben wir komplett zerlegt, gereinigt und dann im Laden wieder aufgebaut. Und all die Balken, die ich für den Bau gebraucht habe, sind aus einer alten Mühle in Euskirchen. Da kam mal jemand hier vorbei und sagte zu mir: Horst du brauchst doch immer Baumaterial, die reißen da ne Mühle ab, da sind Balken ohne Ende. Da haben wir drei Tage Balken ausgebaut. Und dann wollte ich irgendwann mal einen Omnibus haben. Den hab ich auf dem Schrottplatz gekauft. Und dann habe ich vier Tage lang diesen Bus zerlegt. Das war eine Horrorarbeit." Der Bus thront heute als Aufsatz auf einem Zwischendach in der Scheune, ist über eine steile Treppe zu erreichen und beherbergt die Arbeiten eines jungen Künstlers, der sich sein Atelier in der Oldiethek eingerichtet hat. Gleich nebenan wartet ausgedientes Chorgestühl aus einem nahegelegenen Gotteshaus auf eine Restaurierung, die es wetterfest und damit gartentauglich machen soll. Gegenüber, eine weitere Treppe hinauf, harrt die Bibliothek weiterer Gäste, die ein wenig mehr Ruhe beim Speisen wünschen. Unzählige und ungezählte Bücher und Zeitschriften, ebenfalls allesamt Mitbringsel und Geschenke von Besuchern, sind hier in Regalen und Bücherschränken untergebracht, darunter auch die Bibliothek

der großen Düsseldorfer Kabarettistin Lore Lorentz. Ein ungeordnetes, unsortiertes, undurchdringliches Gewirr von Gedrucktem. Auf die Decke der Bibliothek ist Horst besonders stolz: Eine Holzdecke wollte er haben, als er sie einrichtete, so, wie er sie in englischen Landhäusern kennen- und liebengelernt hatte, aber natürlich fehlte ihm auch dafür das notwendige Kleingeld. Da entdeckte er in einem Supermarkt wunderschöne Weinkisten, und er bekniete den Chef des Geschäftes, ihm diese doch zu schenken – mit Erfolg. Horst nahm sie auseinander und bastelte eine sehenswerte Zimmerdecke daraus, und gern erzählt er dazu, dass diese Decke auch deshalb besonderen Wert für ihn habe, da er ein Koch sei, der gar nichts von Wein verstehe.

Treppe wieder hinunter, vorbei an alten Schreib- und Küchenmaschinen, Musiktruhen, funktionsfähigen Motorrädern und einem ausgedienten Airbus-Reifen hin zu dem Devotionalien-Sammelpunkt, mit dem Horst seiner Verehrung für sein Idol, dem bereits 1961 verunglückten Graf Berge von Trips, Ausdruck verleiht. Schon als kleiner Junge schwärmte er für ihn, und erst viel später habe er erfahren, dass Graf Berge von Trips schon tot war, als Horst selbst geboren wurde – lächelnd erinnert er sich an den Schock, den er damals erlebte.

Von diesem kleinen, von Glasscheiben geschütztem „Altar" geht es eine weitere kleine Treppe hinauf zum Bistro, wo man am Sonntag Nachmittag in tiefen alten Ohrensesseln versinkt, Kaffee und Kuchen genießt, vielleicht auf einer Großleinwand ein Formel I-Rennen verfolgt – am Sonntag Nachmittag kommen gern Motorrad- und Oldtimerfahrer und andere Motorsportbegeisterte – oder sich ein Buch aus

„So ein geregeltes Chaos habe ich noch nie gesehen"
Marlies Smeets

einem großen Regal an der Rückwand schnappt. „Als ich dieses Bistro einrichtete, fragte ich mich: Wie müsste eine Kneipe sein, in die ich gerne gehen würde? Und genau so habe ich dann das Bistro gestaltet. Es muss gemütlich sein, es muss was zu essen und zu trinken geben, man möchte vielleicht Menschen kennen lernen. Ich müsste aber auch allein in der Ecke sitzen und gar nichts sagen können. Es muss Musik geben. All diese Wohlfühldinge, die ich wichtig finde." Im Winter knistert der Ofen, ein Bullerjahn, im Sommer geht man vom Bistro aus hinaus in den Garten. Ein Motorrad hängt im Baum, ein altes Auto und ein ausgedienter Herd werden langsam aber sicher vom Grün überwuchert, Tische und Stühle laden zum Niederlassen ein, und auf zwei Bänken des Chorgestühls mit einem langen Tisch dazwischen haben Horsts Gäste bereits die ersten Mahlzeiten im Freien genossen. Im naturtrüben Teich quaken Frösche, und die Idylle ist perfekt. Vom Bistro aus geht es aber nicht nur in den Garten, sondern – noch eine Treppe hinauf zu einer Art Empore – in einen Friseursalon. Dessen komplette, aus den 50er Jahren stammende Einrichtung sieht so neu und schön aus, als sei sie nie genutzt worden, hübsch pastellig in rosé und lindgrün und mit bequemen Stühlen ausgestattet, auf denen Gäste ebenfalls Platz nehmen, Kaffee trinken und fernsehen können.

Der Koch als Entertainer, die Küche als Bühne

Das Herzstück von Lichter's Oldiethek ist aber selbstverständlich die winzig kleine Küche, ausgestattet mit einem mittlerweile ausgewechselten Kohleherd, einer Kohlenkiste, einem Kühlschrank, einer Spülmaschine, die er erst auf Drängen seiner fleißigen Helferlein anschaffte, einem Waschbecken und einem herrlichen, antiken Mise en Place, das er sich aus einem alten Waschtisch gebastelt hat. Auf nur einem Regal stapeln sich bunt durcheinander zahlreiche Pfannen, aber nur wenige Töpfe, „denn ich mache das meiste in der Pfanne, das geht am schnellsten, und so richtig viel Zeit haben ja auch diejenigen nicht, die meine Rezepte nachkochen sollen." Hier kocht Horst an fünf Abenden in der Woche für 70 Gäste - eine Tatsache, die jeden umhaut, der seine Küche zum ersten Mal sieht. Immer wieder auf's Neue erklärt er: „Man kann das nicht glauben und auch nicht verstehen, nur dann, wenn man mal hier war. Wenn man das mal erlebt hat, wenn man hier vorne gesessen hat und sieht, wie ich arbeite. Eine Frau spült, zwei kellnern und kochen tu ich ganz allein. Profis gehen immer davon aus, dass wir noch eine separate Beiküche haben, und dass ich hier vorne nur ein bisschen Deko mache oder ein bisschen Spoekes. Nein, ich koch alles ganz allein, alles hier drauf." Es gibt keine Speisekarte in Lichter's Oldiethek; Horst kocht das, was er tagtäglich beim Einkaufen in der direkten Umgebung an taufrischer Ware entdeckt. Wenn es geht, dann kauft er seine Ware bei benachbarten Bauern, denn alle hier sollen von seinem Glück profitieren. Wenn die Gäste kommen und Platz genommen haben, begrüßt Horst sie mit Handschlag, stellt sich vor („Ich bin der Horst") und erklärt allen, dass er alle duzt, denn seine Gäste betrachte er als seine Freunde, denen er etwas Gutes tun möchte. Dann erzählt er den am Tisch Sitzenden die Speisekarte: „Heute gibt es zur Vorspeise eine Gurkenrahmsuppe oder frische Salate. Zu dem Salat kann man zusätzlich Riesengambas haben, frische Champignons in Kräuterbutter geschwenkt oder Putenstreifen aus dem Backofen. Dazu gibt es zweierlei Salatsoßen. An Fleisch gibt es Filet vom Vogel Strauß, vom neuseeländischen Lamm, vom Kaninchen, vom Charolais-Rind, vom Schwein, Putenbrust und Barbarie-Entenbrust. An Fisch könnt Ihr haben: Frischen Seeteufel, Steinbeißer, Haifisch oder Wildlachs oder die Gambas. Und an Gemüsebeilagen Blumenkohl, Broccoli, Lauch, Zucchini, Auberginen, frische Champignons, grüne Böhnchen, Sahnegemüse oder gemischte Gemüsepfanne. Da kriegt halt der ganze Tisch eine Pfanne, in der alle Gemüse drin sind, und jeder hat separat seine Fisch- oder Fleischportion. Und als Kartoffelbeilagen gibt's bei mir entweder Lichter's Echte, das ist die Rache an Fritten und Kroketten, gebratene Kartoffelknödel, so in Scheiben und in Butter gebacken oder, was auch sehr lecker ist, ein dünn gebackener Lauchpfannkuchen mit Tomaten belegt und Brie überbacken." Dazu ein Wein oder ein lecker Bierchen – einfache, deftige Genüsse, in großen Portionen serviert, das ist Horsts grundehrliche und bodenständige Küche. Schlicht, ergreifend, schnell zubereitet – anders könnte er unter diesen Bedingungen wohl kaum 70 Gäste bewirten. Ein logistisches Wunder bleibt es sowieso, das nur geschehen kann, weil er täglich sechs bis sieben Stunden Vorbereitungszeit investiert und die Gäste sozusagen in Schichten um 18, 19 und 20 Uhr kommen. Geduld muss man mitbringen, denn hierher kommt man nicht, wenn man hinterher noch ins Kino gehen will.

Lichter's Oldiethek ist, und das muss ausdrücklich gesagt werden, kein Gourmet-Tempel. In einem solchen arbeiten ganze Küchenbrigaden und nicht nur ein Koch, und von der Nouvelle Cuisine, die er zwar selbst auch gelernt habe, distanziert sich Horst bei jeder sich dazu bietenden Gelegenheit. Lichter's Oldiethek ist ein außergewöhnliches Restaurant, in dem der Gast etwas erleben kann – aber Horst Lichter macht keine Erlebnisgastronomie im konventionellen, umsatzsteigernden Sinn. Dennoch ist seine Küche auch seine Bühne: „Wenn der Abend kommt und mit ihm meine Gäste, dann ist das wie bei Künstlern. Du gehst auf die Bühne, und sagst: Hallo, Ihr Lieben, und dann geht es los, und dann ist es schön." Fröhlich flachsend flirtet er mit den Menschen, die an den Tischen gleich am Herd sitzen: „Ich liebe meine Gäste. Für mich gibt es nichts Schöneres, als wenn abends die Leute hier rausgehen und glücklich sind. Hier ist es ja was Anderes als in einem ‚normalen' Lokal, hier habe ich mit meinen Gästen Kontakt." Natürlich stellen fast alle Gäste die Frage, wie man denn darauf kommt, ein solches Restaurant zu erfinden und zu realisieren: „Nach schwerer Krankheit kam ich auf die Idee, einen Laden, nichts anderes als einen Laden zu machen, in dem all das ist, was ich liebe. Also Autos, Motorräder, Antiquitäten, Kitsch, Kunst, Trödel, Essen, Trinken. Wo die Menschen als Menschen hinkommen und nicht als Umsatzbringer. Alles das zu machen, was ich wirklich und kompromisslos gut finde. Und zufälligerweise haben die Menschen bemerkt, dass sie das auch suchen, sonst würden sie nicht kommen. Ich verkaufe ja kein Essen, sondern ich verkaufe ein Wohlbefinden, und zwar ein komplettes. Musik gehört dazu, sehen, riechen, schmecken. Alle Sinne sollen angesprochen werden."

Lichter's Oldiethek – ein Spiegel seines Lebens

Wer Horst Lichter kennen lernt, seine Warmherzigkeit, Gastfreundlichkeit, Offenheit und seinen Humor erfährt, dazu sein dröhnendes Lachen hört, kurz, Zeuge seiner unverdrossenen Lebensbejahung wird, mag kaum glauben, dass das Schicksal diesen fröhlichen Menschen so arg beutelte – und dass dieser Mann seine Lebenslust nicht schon längst verlor. Bis zu seinem 14. Lebensjahr verlebte Horst, am 15. Januar 1962 in Nettesheim (Kreis Neuss) geboren, eine glückliche Kindheit; doch gleich nach der Schule fing der Ernst des Lebens für ihn so richtig an: Er begann eine Ausbildung zum Koch im Bergheimer Hotel-Restaurant „Alte Post", wo er fortan auch wohnte. Sein Lehrherr war ein Despot und Patriarch alter Schule; gern warf er seinen Azubis gefüllte Salatteller vor die Füße, brüllte durch die Küche, und als Horst, schwitzend vor Angst, seinen Chef darauf aufmerksam machte, dass ihm jeden zweiten Sonntag ein freier Tag zustände, gab's noch mehr Geschrei und keinen einzigen freien Tag, die ganze Ausbildung hindurch. Für Privatleben oder gar zarte Bande blieb keine Zeit. Horst hielt durch und schätzt seinen Lehrherren bis heute hoch; viel habe er bei ihm gelernt, die „feine" Nouvelle Cuisine ebenso wie die gute bürgerliche Küche. Immer wieder erzählt er Anekdoten aus seiner Lehrzeit. Schließlich sei Lutz Winter genauso ein Besessener gewesen, wie er selbst es heute sei. Der Schock war heftig, als er nach bestandener Prüfung in einem großen Ausflugslokal in Mönchengladbach-Jüchen landete. Dort, in der riesigen Küche, wurde überhaupt nicht so gekocht, wie Horst sich das vorstellte. Er wechselte bald ins Restaurant „Am Kamin" in Pulheim, einem hervorragenden Lokal, „in dem alles selbst gemacht und nur vom Feinsten war". Doch auch hier war der Chef, ein „Weltklasse-Koch und Workaholic", ein Choleriker, und Horst wechselte als Jungkoch ins Kölner „Jan van Werth", das sowohl gutbürgerliche als auch neue französische Küche servierte. „Das war die erste Küche in der ich arbeitete, in der es feste Positionen gab. Ich war der Entremetier, aber nicht gern, und kalte Küche mag ich nicht. Zudem gab's oft Probleme mit den Kollegen, weil ich jünger war als manche der Lehrlinge."

Es war aber nicht nur die konkrete Situation an seinem Arbeitsplatz, sondern die allgemeinen Arbeitsbedingungen in der Gastronomie, die Horst aus der Küche trieben: Arbeiten rund um

Lichter's Oldiethek
Landstraße 31
41569 Rommerskirchen-Butzheim
Tel. 0 21 83 / 8 18 55, Fax 42 17 20,
e-Mail: Lichter1962@aol.com

die Uhr, nie frei, nur Geschrei, nur Hyperstress in der Küche. Zudem inzwischen verliebt und bald darauf, mit 19 Jahren, verheiratet und gewillt, ein Haus für seine künftige Familie zu errichten, entschloss er sich, den Kochlöffel an den Nagel zu hängen und im nahe gelegenen Braunkohle-Werk „Rheinbraun“ zu schaffen. „Das erschien mir damals paradiesisch: Arbeitszeiten von 6 bis 15 Uhr, samstags und sonntags frei, und schon als Kehrjunge, als der ich anfing, verdiente ich 1760 Mark netto.“ Eine Menge Holz und eine Menge Freizeit für den Ex-Jungkoch. „Aber auch da habe ich irgendwie alles falsch verstanden. Ich war immer schneller fertig als erwartet, und bald nahm mich ein Kollege beiseite und sagte: Jung, mach langsam, du machst uns den Schnitt kaputt.“ Horst arbeitete dann als Maschinist in Wechselschicht, und weil das Geld nicht reichte, nebenbei noch täglich acht Stunden auf dem Schrottplatz. Noch immer war seine Energie nicht erschöpft, auch wenn die Geldsorgen zunahmen. Seine Chefs empfahlen ihn für die Steigerschule, und Horst war bereit, sich noch mehr anzustrengen, um die Versorgung seiner Familie – mittlerweile war, 1986, sein Sohn Christoph geboren – zu sichern. Zusätzlichen seelischen Stress und Frust bereitete ihm seine Betriebsratsarbeit. Irgendwann war dann doch alles zu viel; mit 26 Jahren erlitt er einen Gehirnschlag, war ein Jahr lang linksseitig gelähmt und sprachbehindert. In der Reha in Bernkastel-Kues entwickelte er erstmals die Idee zu einem eigenen Laden mit Autos, Motorrädern, Kitsch, Kunst und Trödel, Essen und Trinken, doch da waren noch finanzielle Zwänge vor: Nach seiner Genesung ging's erst mal wieder zu Rheinbraun, Wechselschicht schieben. Zu Hause aber richtete er sich in seiner Freizeit bereits eine „Schrauberecke“ ein und stellte ein paar Tische und Stühle vor die Tür, und bald schauten die ersten Motorrad- und Oldtimer-Fahrer vorbei, um zu plauschen, gemeinsam an den Motoren zu basteln und Kaffee zu trinken. Aber zwei Jahre nach dem ersten traf ihn einen weiterer Gehirnschlag und, damit nicht genug, noch ein Herzinfarkt. Der kurz zuvor erfolgte plötzliche Tod seines zweiten Kindes mag dazu beigetragen haben, aber damals wurde Horst endgültig klar: „Mein Leben ist so falsch für mich wie das einer Lachsforelle, die auf dem Trockenen sitzt.“ Obgleich im April 1989 sein 3. Kind Tochter Janina zur Welt gekommen war, trennte sich Horst von seiner Frau und zog aus dem gemeinsamen Haus aus. Noch im gleichen Jahr entdeckte er die Scheune in Rommerskirchen, in der damals alte Autos ausgeschlachtet wurden:

„Wow, das ist mein Laden!" dachte er sich, und so langsam aber sicher begann Horsts neues Leben. Er mietete die Scheune, die ganz früher mal ein Tanzsaal war, taufte sie Oldiethek, wobei das „Oldie" von den gezeigten Oldtimern herrührte, und machte sie langsam, ganz langsam zu dem, was sie heute ist: „Als ich anfing, wog ich 96 Kilo, war also kugelrund und alles andere als gesund, und hatte keinen Pfennig Geld. Freunde und Bekannte nahmen mich nicht mehr ernst, dachten, ich hätte was von meinen Krankheiten zurückbehalten. Als ich im September 1989 eröffnete, hatte ich eine Sofaecke, zwei Vier-Personen-Tische und selbstgemalte Bilder an der Wand, ich buk Pfannkuchen für meine Gäste auf meinem alten Herd, dazu gab's Kaffee, und so fing alles an." Immer mehr Gäste kamen, die lokale Presse schaute des öfteren vorbei, und 1991 drehte der WDR den ersten Film über Horst Lichter, den verrückten Koch mit den vielen alten Autos. Zwischendurch gab es arge finanzielle Probleme, eine zweite, unglückliche Ehe und Neider aus der Nachbarschaft taten ihr Übriges. Doch immer wieder überzeugte Horst in seiner unkonventionellen Art auch die Bänker. Heute, im Jahre 2001, sagt er nicht ohne Stolz: „Ja, heute gehört mir hier beinahe alles, aber noch ist nicht alles bezahlt, und jede müde Mark fließt wieder in den Betrieb."

Noch eine Vision

Und kaum ist er aus dem Gröbsten raus, hat er schon wieder neue Pläne, „oder sagen wir, eine Vision, denn in der Planungsphase bin ich noch lange nicht: Ich möchte auf dem Dach dieser Halle ein Hotel errichten. Links und rechts soll es zwei große Türme haben, worin sich der Aufzug und das Treppenhaus befinden. Ganz oben in der Spitze soll es aus Bleiglas sein, damit man raus und runter gucken kann. Dann soll es sieben verschiedene Zimmer haben mit herrlichen Bädern und großen Badewannen." Als er von diesen Plänen erstmals öffentlich erzählte – das war 1996, als er nach großen Umbauten die Wiedereröffnung seiner Scheune mit zahlreiche Gästen feierte – bekam er tosenden Applaus und erste Reservierungen. Doch die Umsetzung dieser Vision muss noch warten, bis Horst nicht nur eine Kiste voller Kohle in der Küche, sondern auch auf der Bank hat. Lebensgefährtin Nada, im Leben und bei der Arbeit stets an seiner Seite, runzelt besorgt die Stirn – als ob der Mann nicht jetzt schon 16 Stunden am Tag arbeite und zuweilen denke, er stünde wieder vor einem Herzinfarkt. Vorerst aber raucht er sich noch ein Zigarettchen und freut sich schon: Gleich kommen wieder Gäste, gleich kann er wieder kochen und sein Herz auf Zunge und Teller legen. Noch einen Zug, und dann ab in die Küche, das Gemüse vorbereiten.

Gabriela Picariello

Der einmal monatlich stattfindende Fischmarkt im Düsseldorfer Hafen, die Tour de Menu, das Weinblütenfest, die längste Tafel der Welt – kaum ein Düsseldorfer, der nicht mindestens eine dieser Veranstaltungen kennt. Hinter allen steht vor allem eine Frau: Gabriela Maria Picariello. Wie wird man (Gastro-)-Event Managerin? „Das hat sich alles so ergeben, das war kein strukturierter Plan. Mich hat die Gastronomie immer gereizt, weil ich so gern mit Menschen zusammen bin, und ich hab gemerkt, immer wenn ich da was mache, eine Party oder eine Feier, bereitet das vielen Menschen Freude." Mit anderen Worten: Sie ist eine perfekte Gastgeberin. Und das mit Leidenschaft: „Ich denke ja sowieso, dass nur die Arbeit gut ist, die aus dem Bauch heraus kommt."

Die 1962 geborene Gabriela Maria Picariello wuchs im rheinischen Hilden auf. Dort machte sie zunächst eine ganz solide Ausbildung zur Steuerfachgehilfin: „Meine hier erworbenen wirtschaftlichen Kenntnisse kommen mir heute sehr zugute, denn eine ordentliche Kalkulation ist die Basis für einen guten Event." Gleich nach der Ausbildung arbeitete sie frei, u.a. sechs Jahre im Management der Düsseldorfer Band „Die Toten Hosen". 1999 gründete sie ihr Event-Management-Büro Rheinlust.

Wie Horst Lichter argwöhnische Skeptiker überzeugt

Horst: Das ist für mich jetzt mal interessant, was du so meinst. Sagst du eher: „Jetzt habe ich das mal so mitgemacht, aber kommt mir nicht noch mal mit so nem Ding".

Picariello: Ach, ich könnte nie nur Sterne- oder gehobene Küche essen. Ich kann aber auch nicht nur ins Brauhaus gehen. Und ich finde bei dir hier ist so die Abrundung der gesamten Möglichkeiten, die man hat. Das hier kann man ja gar nicht greifen, das kann man nicht benennen. Das ist ein Ausflug. Man ist ja hier auch ganz entspannt, vergisst die Zeit, vergisst überhaupt alles.

Horst: Das ist eines der größten Lobe. Wenn du mal einen bescheuerten Event machen möchtest, dann sag mir Bescheid. Wir haben da einen Ofen, den können wir dann mitnehmen.

Picariello: Gerne! Da hab ich schon eine Idee: Lichter's Oldiemobil.

Ein Happy End – ein hartes Stück Arbeit für Horst Lichter. Wie bringt man einem Gast, der sich ausdrücklich Kartoffelgratin gewünscht hat, bei, dass es heute Vollkornnudeln gibt? Und hätte er gewusst, dass dieser Gast, wie sich erst viel später bei Tisch herausstellt, Vollkornnudeln gar nicht gerne mag – dann hätte er das Küchenhandtuch dennoch nicht geschmissen. Denn natürlich schmecken die Vollkornnudeln (und nicht nur das!) am Ende auch dem Gratin-Fan sehr gut, sind sie doch auf typisch Lichter'sche Weise verfeinert worden: Mit einer Blätterteighaube nämlich. Horst Lichters Kochhandwerk überzeugt am Ende eben alle – und sein Mundwerk tut das Übrige dazu.

Horst: Also du hast dir Lammrücken, Kartoffelgratin und Prinzessböhnchen gewünscht. Ich mach dir statt Lammrücken Lammfilet. Dann statt Prinzessböhnchen diese Strauchböhnchen, das sind diese großen, platten Dinger. Und dazu eine Speckrahmsoße mit einem China-Kohl und einem Boskop-Äpfelchen und ein bisschen Crème fraîche und ein paar frische Kräuterchen, das muss ja ein bisschen watt Gehalt haben. Und anstatt der Kartoffeln gibt es die leckeren Vollkornnüdelchen als Kartoffel-Gratin-Gegensatz, und die mit Blätterteig überbacken, dat ist richtig lecker, hoffe ich.

Picariello: Das hoff' ich auch.

Horst: Ich hab's noch nie gegessen!

– Horst lacht sein dröhnendes Lachen, Gabriela lacht mit, aber ihr steht die Skepsis ins Gesicht geschrieben.

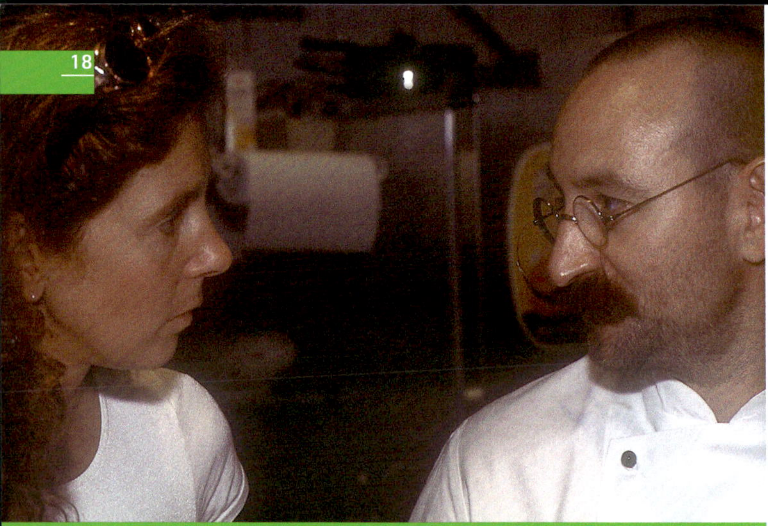

Bäckerinnen-Kartoffeln

Da mache ich eine Schicht Kartöffelchen, eine Schicht Zwiebeln, so bis oben hin, würze noch mal mit Salz, Pfeffer und Muskatnuss, fülle das Ganze komplett mit Sahne auf, und dann kommt das fünf, sechs Stunden in den Backofen, bis die Zwiebeln weg sind, bis es eine Crème ist, dann obendrauf eine richtig schöne dicke Kruste backen, und dann so essen, nur mit Brot, kein Fleisch, kein Fisch.

Picariello: Vollkornnüdelchen in Blätterteig – das kann ich mir ja gar nicht vorstellen.

Horst: Ja eben. Deswegen bin ich ja darauf gekommen. Weißt du, ich habe mir gedacht, Kartoffelgratin gibt es in tausenderlei Sorten. Bei mir heißt das immer Bäckerinnen-Kartoffeln. Da brauch ich nichts dabei, nur die Kartöffelkes. Guck mal, das sind diese Böhnchen. Watt hier so alles wächst.

Während Horst noch von seinen Bäckerinnen-Kartoffeln schwärmt, unterschreibt Gabriela Picariello eine Einverständniserklärung, dass auch Abbildungen, auf denen sie zu sehen ist, im vorliegenden Buch veröffentlicht werden dürfen. Horst schaut ihr dabei über die Schulter und stellt fest: „Hast du aber eine tolle Unterschrift!“ Er analysiert diese im Gutachterton: An der Tatsache, dass Gabriela Picariello weit über dem Strich unterschreibt, sich also einfach über ihn hinwegsetze, erkenne man, dass sie ein sehr großes Selbstbewusstsein habe. Horst schließt: „Den Rest erzählt man nicht!“ und die beiden lachen laut.

Horst: Du hast jetzt unterschrieben, dass du hier nicht nur kochen, sondern auch essen musst.

Picariello: Ich muss also auch essen? Und was ist, wenn es mir nicht schmeckt?

Horst: Dann sagst du, du Horst, was du da gemacht hast. Nee, so schlimm wird's nicht werden. Beim Essen halten wir es wie beim Arbeiten: Du machst die Dinge, zu denen du Lust hast, und den Rest lässt du bleiben. Wenn du eingreifen willst, dann greifst du ein. Wenn wir irgendwo was reintun, werde ich dich immer fragen, ob dir das schmeckt. Sollen wir davon was reintun, ein bisschen mehr davon oder ein bisschen weniger. Und wenn wir ganz unterschiedlicher Meinung sind, dann machen wir in einem Schüsselchen das so, wie du das meinst, und in einem anderen so, wie ich das meine, und dann haben wir nachher zwei verschiedene Versionen und du probierst meins und ich deins. – Komm, ich zeig dir erst mal mein Lokal. Das ist also meine Küche, in der ich täglich außer montags und dienstags bis zu 70 Gäste bewirte.

Horst und Gabriela drehen eine Runde durch Lichter's Oldiethek, und die Gastro-Event-Managerin, die schon zahlreiche Küchen und Restaurants von innen gesehen hat, kommt aus dem Staunen nicht mehr heraus. Das bunte Panoptikum fasziniert.

Picariello: Ich kenn kein einziges Restaurant, das so wie dieses ist.

Horst: Du hast ja nun auch ganz viel mit Gastronomie zu tun. Da hab ich mich gefragt: Mein Gott, die Frau kennt bestimmt ganz berühmte Köche, Weltklasse-Köche, so dass du ja schon einiges gesehen, probiert, gegessen und miterlebt hast.

Picariello: ...durfte. Miterleben durfte.

Horst: Jetzt bin ich natürlich gespannt, wie du auf so ein Extrem hier reagierst. Das, was du da hinten siehst, das Sammelsurium an Bestecken und Tellern, das ist bei uns schon das Optimum des Eindeckens. Das wird im Prinzip nur noch gesteigert, wenn eine Gesellschaft kommt und sich Weingläser wünscht. Die sind dann alle unterschiedlich groß, große und kleine querbeet, und dann kommen da verschieden farbige Servietten hinein, damit es so richtig bescheuert aussieht. Am Anfang haben wir auch die Kerzenständer immer vom Wachs befreit, bis ich dann irgendwann gesagt habe, das sieht so aus, als würden wir die jeden Tag neu kaufen. Das gefällt mir nicht. Die Leute sollen schon sehen, wie lange das lebt. Die Ständer sind ja auch alt. Wir haben auch so ganz Heftige aus Porzellan, aber das wirst du ja sehen, wenn wir nachher das Essen anrichten. Das werden wir auch ganz anders machen als andere. Gestern habe ich zum Beispiel Essen in einer Kuchen-Etagère angerichtet. Das ist praktisch: Man hat viel mehr Platz für Gäbelchen und Messerchen und alles, was sonst noch auf den Tisch muss.

Picariello: Das ist hier mehr wie zu Hause. Das ist ja das Außergewöhnliche, oder?

Horst: Wir haben hier tolle Erlebnisse gehabt mit Gästen. Du sieht ja, das sind hier keine Zweiertische, sondern Tische für acht oder zehn Personen, oder sechs oder vier. Und die Menschen kennen sich ja gar nicht. Sie haben Monate auf den Tisch gewartet. Und wenn sie vorne reinkommen, kriegen die den ersten Kulturschock. Sagen: Um Gottes willen, wir sind falsch. Meistens war einer aus so einer Gesellschaft schon mal hier, und alle anderen sind neu. Und meistens macht sich derjenige, der schon mal hier war, einen Spaß draus, den anderen nichts zu erzählen, außer zu sagen, wenn du da hinkommst, da ist alles anders. Dann warten sie auf die Speisekarte und die Bedienung sagt: „Die steht in der Küche, das dauert noch etwas." Irgendwann, wenn ich Zeit habe, komme ich an den Tisch, setz mich dazu, sag erst mal ich bin der Horst – duzen tu ich jeden - und erzähle einfach meine Speisekarte. Von der Suppe über die Salate über Fleisch und Fisch, Gemüse und Beilagen. Und wenn ich dann damit fertig bin, haben meine Gäste alles wieder vergessen und sagen dann meist: „Horst, mach uns einfach was Schönes."

Horst erzählt in seiner typisch lebendigen und anschaulichen Art, wie ein Abend in seiner Oldiethek abläuft, und referiert eigens für Gabriela noch einmal die gesamte Speisekarte. Diese staunt weiter, besonders weil Horst es schafft, hier allabendlich 70 Gäste zu bekochen. Und Horst gibt zu, dass er in manchen Dingen auch pingelig ist:

Horst: Gleich beim Kochen wirst du sehen: Ich hab für alles meine Kännches und Pöttches. Es gibt nichts Unästhetischeres, als in der Küche Öl aus einer Plastikflasche zu gießen. Wie geil sieht das auch für die Gäste aus, wenn du eine alte Kaffeekanne hast, aus der das Öl fließt. Dann sitzen die da und sagen: Guck dir den an, jetzt ist er total durchgeknallt. Das ist schön. Wenn es dann nachher noch schmeckt, hast du gewonnen.

Picariello: Dann ist es für den Kunden gut.

Horst: Für den Gast. Kunde hört sich immer komisch an. Einem Kunden will man nur was verkaufen. So, und wenn du Lust hast, dann zeige ich dir jetzt, womit wir anfangen.

Gern nimmt Gabriela Picariello die Schürze, die Horst ihr anbietet. Sie hat die Wahl zwischen einer weißen und einer roten – sie wählt die weiße, passend zum T-Shirt. Beide beziehen in der Küche Position. Horst zeigt seinem

Gast, wo Küchenrolle, Messer, Töpfe, Pfannen usw. zu finden sind, präsentiert stolz seine antiken Vorrichtungen für das Mise en Place, und da Gabriela wie Horst Lichter ein Faible für Antiquitäten hat, werden die beiden langsam wärmer miteinander – und das liegt nicht nur an der hohen Temperatur so dicht beim Herd, auf dem das Nudelwasser schon vor sich hin simmert. Horst schneidet Speck in grobe Würfel und demonstriert, wie man den Lammfilets die Häutchen abzieht. Er nennt das „Pullöverchen ausziehen".

Horst: Was möchtest du als erstes machen? Den Böhnchen die Pöppelches abschneiden?

Picariello: Ja, genau. Sind die Bohnen schon gewaschen?

Horst: Ja, das habe ich schon gemacht. Guck mal, ist das nicht ein schöner Topf. Den hat meine Oma mir geschenkt. Aber das ist ja für meine Verhältnisse schon ein High-Tech-Topf. Ich zeig dir mal meinen richtigen.

Er holt aus der Kammer einen alten Emailletopf. Gabriela Picariello kann gut nachvollziehen, dass Horst diesen liebt: „Das ist ein Topf für's

Auf einer der ältesten Senfmühlen Europas – anno 1810 – stellt Senfmüller Wolfgang Steffens nach ausgesuchten und historischen Rezepturen und Verfahren herausragende Senfsorten her.

● Senfmühle Wolfgang Steffens, Stadionstraße 1, 56812 Cochem/Cond
Tel. 0 26 71 / 60 76 65, Fax 60 76 67, www.senfmuehle.net

Leben." Jetzt beichtet Horst noch seine Leidenschaft für Senf, und zwar für süßen oder Honig-Senf. Auch Gabriela liebt Mostrich und kauft ihn am liebsten auf dem Düsseldorfer Fischmarkt, den sie selbst veranstaltet. Da gebe es einen Stand mit rund 20 Sorten Senf, und ihre Favoriten seien Sorten mit Feigen oder mit Rotwein. Horst empfiehlt eine Senfmühle, die den Senf in „ganz tolle Pöttches" packe.

Gabriela Picariello schaut beim „Pullöverchen ausziehen" zu, und gesteht, dass sie auch manchmal gern ein kleines Restaurant hätte.

Picariello: Das Bewirten und das Kochen für andere, daran habe ich schon Spaß. Aber diese Nachtarbeit, die würde mich stören.

Horst: Ich hab auch mal aufgehört, in der Gastronomie zu arbeiten. Weißt du, der Gastraum muss immer wunderschön, der Empfang ein Traum, die Theke ein Hingucker sein. Die Küche wird immer zuletzt geplant, die Küche, die muss nur funktionell sein. Wenn sie etwas zu klein ist, egal. Nach dem Motto: Damit müssen die Jungs klarkommen. Und das Arbeiten in einer „normalen" Küche ist hyperhektisch, hyperstressig. Ich bin jemand, ich brauch Menschen. Ich liebe Menschen – Komm, wir machen uns an die Böhnchen.

Die Böhnchen kommen in den High-Tech-Topf, in dem das Wasser schon kocht, mit einer Speckschwarte und ordentlich viel Bohnenkraut, das Gabriela Picariello zupft – „das gibt den guten Geschmack", befindet Horst. Dann sind die Lammfilets dran.

Horst: Die Lammfilets würze ich nur von einer Seite. Das Fleisch ist sehr schnell angebraten, und die Würze zieht durch. Ich verwende übrigens nur Jodsalz.

Dann bereiten die beiden die Soße für Bohnen vor. Noch mehr Bohnenkraut wird gezupft – für die Soße und die Deko, „ich dekoriere immer nur mit den Dingen, mit denen ich auch koche", erklärt Horst. Gabriela schneidet das Boskop-Äpfelchen weisungsgerecht in grobe Stücke. Die beiden unterhalten sich über Musik. Horst mag gerne Gos-

Knitschgrüne Bohnen

Grüne Bohnen werden noch grüner, wenn man einen Kupferlöffel ins Kochwasser legt.

pel und Jazz und kann sich für Hiphop nicht begeistern, das ist ihm zu heftig. Gabriela verbindet Musik mit Reisen. Wenn sie gerade in einem anderen Land war und die dortige Musik gehört hatte, dann ist diese auch immer eine Zeit lang ihre Lieblingsmusik. Sie wetzt das Messer. Es riecht lecker nach Bohnenkraut.

Picariello: Das geht ja alles irre schnell auf deinem Herd.

Horst: Das kann ich dir sagen. Lass uns mal die Nüdelchen probieren. Ich mag die ja gern ein bisschen weicher. Ach, das sieht man ja schon, dass die soweit sind, die gießen wir jetzt ab.

Picariello: Hier wird einem ja echt nicht kalt. Darf ich das Basilikum schon schneiden?

Horst freudig: Ja! Ich vergess ja immer, wie das heißt, da hab ich mir eine Eselsbrücke geschaffen und nenne es immer Domkraut – dann komme ich auf Basilika und dann weiß ich's wieder. Magst du Knoblauch?

Picariello: Ja, und wie!

Die Zehen purzeln nur so in die Pfanne. Horst betätigt die Pfeffermühle, die aussieht wie eine Weinflasche. Beide werkeln fleißig und einträchtig in der Küche, Hand in Hand sozusagen. Sie verteilen Kräuterbutter und den vorbereiteten Blätterteig auf die Nüdelchen im Bräter.

Picariello: Ach, jetzt verstehe ich. Vorhin konnte ich mir das ja gar nicht vorstellen, Nudeln in Blätterteig.

Horst: Naja, vielleicht hätte ich sagen müssen: Vollkornnüdelchen AN Blätterteig.

Picariello: Nee, unter Blätterteighaube! Soll ich mal den Schnittlauch schneiden?

Aber ja doch. Crème fraîche oder Sahne in die Soße? Gabriela findet Crème fraîche besser. Also hinein damit. Gabriela verkleppert noch ein Ei, das auf den Blätterteig verstrichen wird, die Nudeln kommen in den Ofen.

Noch schnell das Lamm auf offener Herdflamme braten, das zischt kräftig. Gabriela hat Hunger. Schließlich laufe einem schon seit längerem das Wasser im Munde zusammen, so köstlich, wie das alles rieche. „Jetzt müssen wir anrichten, was wir angerichtet haben", wortklaubt Horst. Platte oder Pfanne?

Gabriela Picariello kramt ein wenig in den Regalen und findet eine hübsche, große Porzellanplatte. Voilà. Gemeinsam richten die beiden Lammfilet, Bohnengemüse mit Chinakohl auf der Platte an. Gabriela ist sehr gespannt und gesteht, dass sie Vollkornnudeln eigentlich gar nicht so gern mag und zu Lamm fast immer Kartoffelgratin esse. Und dann:

Picariello: Mmmh, ist das gut. Herrlich. Wunderbar. Hier ist eben einfach alles ganz anders.

Lammfilets, bereits vom Metzger gehäutet, mit Salz, Pfeffer und ca. 4 bis 6 Zehen Knoblauch würzen und ziehen lassen.
Nudeln wie immer mit etwas Salz und Öl ca. 8 Minuten kochen.
Die **Bohnen** in einem flachen Bräter in Wasser aufsetzen, die Schwarte vom Speck, Salz, Zucker und die Blätter vom Bohnenkraut dazu geben in rund 5 bis 6 Minuten knackig kochen.
Für die **Soße** Speck in ca. 1 cm dicke Streifen schneiden, in einer tiefen Pfanne schön anbraten, den entkernten, aber nicht geschälten und in grobe Stücke geschnittenen Apfel und Honigsenf dazu und kurz andünsten. Dazu den Rest Knoblauch, Crème fraîche obendrauf und die Hälfte des Basilikums (in Streifen geschnitten). Nur noch leicht einreduzieren lassen.
Jetzt muss alles schnell gehen: Nudeln in die Auflaufform geben, Kräuterbutterflocken dazu geben und fein geschnittenes Schnittlauch, mit Blätterteig bedecken und im Backofen bei Oberhitze schön braun backen.
Kurz vor dem Anrichten mit Ei bestreichen und nachbacken.

Lammfilet mit Strauchbohnen und Vollkornnudeln unter Blätterteig

Zutaten für 4 Personen:

12 Lammfilets
500 gr. Strauchbohnen
200 gr. durchwachsener Speck mit Schwarte
1 Boskopapfel
300 gr. Crème fraîche
400 gr. Vollkornnudeln
4 Scheiben Blätterteig
1 Bund Schnittlauch
100 gr. Kräuterbutter
1 Chinakohl
8 Zehen Knoblauch
Olivenöl
1 großer Bund Basilikum
1 großer Bund Bohnenkraut
4 Tl Honigsenf

Während die Nudeln backen, Lammfilet bei großer Hitze von beiden Seiten scharf anbraten, mit Kräuterbutter und dem Rest vom Basilikum bedecken und kurz nachziehen lassen. **Achtung: Die Lammfilets sollten innen noch rosa sein.** Vor dem Anrichten den in feine Streifen geschnittenen Chinakohl unter die Soße heben oder je nach Geschmack darüber streuen und über die Bohnen geben.

wein für alle!
rotweiss

1999er Dornfelder Barrique, qba
Weingut Martin Fürst,
Obermosel, Deutschland
Ca. € 10,00 bei rotweiss.

Ein Versteckspiel ...unter dem Blätterteig findet man Vollkornnüdelchen. Deutschlands berühmtestes Weißweingebiet darf seit kurzem auch Rotweine keltern, wie z.B. diesen satten, dunklen und dichten Rotwein aus dem Sauertal, der das Lammfilet fast zärtlich umarmt.

Gertrud Schnitzler-Ungermann

Gertrud Schnitzler-Ungermann, Jahrgang 1955, ist eine Wirtin wie aus dem Bilderbuch: Resolut, bodenständig, herzlich. Ihren Beruf hat sie sozusagen mit der Muttermilch aufgesogen: Die Familie Schnitzler, aus der sie stammt, betreibt in Düsseldorf die Brauhäuser „Schumacher" und „Im Goldenen Kessel" sowie die älteste Brauerei der Stadt, und so war auch ihre Mutter Thea bereits Bilderbuch-Wirtin. Gertrud Schnitzler-Ungermann, so stellt Horst beim gemeinsamen Kochen fest, „ist 'ne echte Powerfrau". Nicht nur, dass sie den ganzen Tag im Geschäft steht („Ich bin jeden Morgen um acht Uhr da, nur zweimal die Woche erst um halb neun, da gehe ich morgens ganz früh Tennis spielen, damit ich vielleicht doch mal fünf Gramm abnehme", erzählt sie mit rheinischem Humor, mit dem sie sich auch mal gern selbst auf die Schippe nimmt), und dabei auch in der Küche mit anfasst. Sie kocht auch zu Hause für ihre Familie, vor allem am Sonntag Abend, wenn sich alle um den heimatlichen Tisch versammeln. Mit ihren beiden Töchtern, 15 und 19 Jahre alt, ist sie sehr zufrieden: „Meine Pänz sind Klasse." Ihr Mann, den sie einst auf dem Schlachthof kennen lernte, auch. Wenn sie mal „Knieß" mit ihm hat, dann gibt es Kotelett mit Salat und Bratkartoffeln. „Die mag er nämlich am liebsten."

Horst und die holde Wirtin

Auch Gertrud Schnitzler ist erstaunt darüber, wie klein Horsts Küche ist und dass hier seine WDR-Kochfilme gedreht werden. Und Horst kommt aus dem Witze reißen gar nicht mehr heraus, um die sonst so forsche, aber noch zurückhaltende Wirtin aus der Reserve zu locken:

Horst: Du bist doch auch aus der Gastronomie, da wirst du dich ja auskennen in diesen hochmodernen Küchen. Diese hier ist die modernste, die die deutsche Gastronomie derzeit zu bieten hat. Das hier ist mein Induktionsherd. Du musst die Kohle richtig ‚eininduken'. Anfangs hatten wir einen Kameramann, der brauchte eine Schürze, damit es ihm nicht zu heiß wurde um die Lendengegend herum. In meiner Küche soll alles so sein, wie die Küchen früher einmal waren: Kohleherd, Tisch zum Arbeiten, und da in der Ecke war ein Steingutwaschbecken. Ich wollte auch viele Jahre lang kein Warmwasser hier haben, das irgendwie elektrisch erzeugt wird. Ich hatte auch keinen Kühlschrank hier drin stehen, sondern einen richtigen Eisschrank, wo oben die Eisblöcke hinein kamen.

Schnitzler-Ungermann: Ja, die kenne ich auch noch.

Horst: Das war aber noch die Zeit, in der ich hier mal mit ein paar Pfannekuchen anfing, in der ich noch ganz stolz war, dass ich auf dem Ofen für sechs Leute ein Menü kochen konnte. Heute sind es 70 Personen an jedem geöffneten Tag, also von Mittwoch bis Sonntag.

Gertrud Schnitzler-Ungermann guckt ziemlich ungläubig drein.

Horst: Man kann das nicht glauben und auch nicht verstehen, nur dann, wenn man da war. Wenn man das mal erlebt hat, wenn man hier vorne gesessen hat und sieht, wie ich arbeite. Eine Frau spült, zwei kellnern und kochen tue ich ganz allein. Profis gehen immer davon aus, dass wir noch eine separate Beiküche haben, und dass ich hier vorne nur ein bisschen Deko mache oder ein bisschen Spoekes. Nein, ich koch wirklich alles ganz allein, alles hierdrauf. Ich erzähl dir mal die Speisekarte vom letzten Sonntag Abend.

Horst referiert noch einmal, was er am letzten Sonntag gekocht hat; die für ihn übliche Vielfalt an Fleisch, Fisch und Gemüsen. Gertrud Schnitzler-Ungermann hat's die Sprache verschlagen. Nach einigem Überlegen fragt sie nach:

Schnitzler-Ungermann: Das hört sich ja alles gut an. Ist aber trotzdem kaum zu glauben. Die Gäste kommen alle hintereinander, oder?

Horst: Im Schnitt kommen so zwischen 15 und 25 Personen auf einmal, und dann erzähle ich die Speisekarte so wie dir eben. Setz mich dazu, stell mich vor, bin der Horst, mach

noch ein Spoekes, jeder sagt mir, was er will, und dann gehe ich kochen. Und ich koche im Prinzip drei Mal an einem Abend. Maximal 25 Personen auf einmal, dann ist es gut für mich. Und dann siehst du mich hier die Pfannen übereinander stapeln, in den Backofen schieben etc.

Schnitzler-Ungermann: Und hier gibt es kein weiteres Regal, keine Ablage?

Horst: Nein, wo du jetzt sitzt, das ist ja schon der erste Tisch, Tisch Eins.

Schnitzler-Ungermann: Das finde ich ja wirklich faszinierend, wenn du wirklich mit den 25.000 Pfannen hantierst, die man ja nun braucht dazu. Du bist Jongleur.

Horst: Die Pfannen, die du da oben siehst, die sind dann wirklich alle in Gebrauch. Ich koche kaum irgendetwas in Pötten. Gut, den Blumenkohl, den Broccoli vielleicht. Ansonsten ist das eine Frage von guter Organisation des Mise en Place.

Schnitzler-Ungermann: Und warm halten kannst du ja auch nicht groß.

Horsts Co-Köchin beherrscht ein ausdrucksstarkes Minenspiel, und das drückt immer noch Skepsis und Bewunderung gleichzeitig aus.

Horst: Man muss das erlebt haben. Hier vorne saß mal eine Gesellschaft, da war eine tolle Stimmung. Und urplötzlich wurden sie alle still und schauten mir zu, denn ich war gerade dabei, hochkonzentriert Speisen anzurichten. In so einem Moment kann ich nicht mehr erzählen. Auf einmal sagte einer der Herren ganz spontan zu seiner Frau: Frag du mich nochens nach einer neuen Küche.

Schnitzler-Ungermann: Wir haben natürlich eine Riesenküche, aber ich koche auch ganz gerne für die Kinder zu Hause. Dann komme ich ja manchmal schon nicht mit den Pfannen oder dem ganzen Gedöns zurecht.

Horst: Ich stapele die Pfannen, und ich habe auf dem Ofen mehr Platz, als man denkt. Hier die Ecke ist am heißesten.

Horst lässt es sich nicht nehmen, Gertrud Schnitzler-Ungermann seine Arbeitsweise am Kohleherd detailliert zu erklären. Die Profi-Gastronomin hört aufmerksam zu, schaut sich den Backofen an und staunt weiter.

Horst: Und auch, wenn es nicht so aussieht: Ich erfülle hier alle Kriterien des Ordnungsamtes, ich werde wahrscheinlich öfter heimgesucht von Kontrolleuren als andere.

Dass das so sei, habe wohl etwas mit Neid zu tun, meint Horst. Andere Gastronomen, die sich für teures Geld hochmoderne Küchen eingebaut haben, hören, dass Lichter's Oldiethek auf drei Monate ausgebucht ist, und sehen, dass Horst in einer Küche werkelt, die ihn längst nicht so viel gekostet hat. Diese Neider versuchten dann immer wieder, ihm das Ordnungsamt auf den Hals zu hetzen, das aber nie ernsthaft etwas zu beanstanden habe. Und er wette, dass seine kleine Küche sauberer sei als die großen, in die die Gäste nicht hineinsehen können. Er schwärmt von seiner Be- und Entlüftungsanlage, die dafür sorge, dass seine Gäste niemals Tränen in den Augen haben, auch wenn alle rauchen. Es folgt ein ausführliches gastronomisches Fachgespräch über Lüftungsanlagen und Feuerhemmung, Ordnungsämter und Induktionsherde. Dabei starten die beiden ihren Rundgang durch die Oldiethek. Gertrud Schnitzler-Ungermann ist fasziniert von der aus Weinkisten gezimmerten Decke in der Bibliothek und will wissen, ob Horst ein leidenschaftlicher Weintrinker sei.

Horst: Nee, überhaupt nicht. Ich bin ein Koch, der nichts von Wein versteht. Ich wollte nur so eine Holzdecke haben, wie man sie aus England kennt, aber dafür hatte ich kein Geld, und Fichte B-Qualität wollte ich auch nicht. Die Kisten habe ich alle von einem Rewe-Supermarkt-Leiter geschenkt bekommen, der sie mir erst nicht geben wollte, und dann hat er sich hier umgeguckt und hat gesagt: Jung, wie viele willste haben? Und mit diesen Kisten habe ich dann diese Decke gezimmert. Ab und zu trinke ich ein Glas Wein. Aber lieber ein lecker Bierchen.

Schnitzler-Ungermann: Ich ärgere mich, dass ich vergessen habe, dir ein Fläschchen Schumacher mitzubringen. Wo wir doch die älteste Brauerei in Düsseldorf sind.

Zurück in der Küche erzählt Horst, dass er alles direkt in der Umgebung einkauft, dass er mit Lieferanten arbeitet, die nachts ein Fax von ihm bekommen, was er alles neu braucht. Und dass alles an jedem Tag neu und frisch gemacht wird.

Horst: Wir haben jeden Tag sieben Stunden reine Vorbereitung.

Schnitzler-Ungermann: Ja, ich kann mir das vorstellen. Wir machen ja auch alles frisch, keine Convenience. Bei uns wird jeden Morgen frisch angeliefert und noch wie früher gekocht. Also auch mit Mehlschwitze. Das mögen vor allem die Männer, die zu uns kommen. Die sagen: Meine Frau kocht ja nicht mehr oder nicht mehr richtig. Die sind dann ganz glücklich, wenn sie eine richtige Erbsensuppe kriegen oder eine Linsensuppe wie früher oder Kohlraben oder Tafelspitz mit Maiwirsing.

Horst lachend: Hatten wir nicht heute einen Gast, der sich genau das gewünscht hat?

Schnitzler-Ungermann: Ja, das war natürlich ich. Ich mag das Gemüse nämlich gerne dann, wenn es Saison hat. Bei uns gibt es im Sommer keinen Grünkohl oder so was. Es gibt immer nur das, was wirklich gerade auf dem Markt zu finden ist. Erdbeeren zur Erdbeerzeit, Spargel zur Spargelzeit. Und auch Feldsalat mache ich

Stielmuseintopf nach dem Rezept des Brauhauses Schumacher

Zutaten:

900 bis 1000 gr. (ca. 2 Köpfe) Rübstiel, 900 gr. geschälte Kartoffeln, 350 bis 400 gr. Fleischzwiebel, 1 Liter Gemüsebrühe, 90 gr. geräucherten Bauchspeck, 100 gr. Schweineschmalz, Salz und grob gemahlener weißer Pfeffer.

Zubereitung:

Rübstiel in 1 bis 2 cm große Stücke schneiden (Strunkende abschneiden), waschen und in heißem Wasser blanchieren. Die gewürfelten Zwiebeln und den ebenfalls gewürfelten Bauchspeck ca. 10 Minuten im Schweineschmalz auslassen. Kartoffeln in der Gemüsebrühe ca. 20 bis 25 Minuten kochen und mit Salz und grobem Pfeffer würzen. Zwiebel und Bauchspeck zu den Kartoffeln geben und ca. 10 Minuten bis zum Ende der Garzeit mitkochen lassen. Kartoffeln zerdrücken und Rübstielgemüse hinzufügen, kurz aufkochen lassen und abschmecken.

nur im Winter. Oder Rotkohl jetzt im Sommer – also nee. Das einzige, was ich nicht verstehe, ist das mit den Muscheln. Vielleicht kannst du mir das erklären. Wir Rheinländer sagen ja: Muscheln immer nur in den Monaten mit "r".

Horst: So kenne ich es auch, so habe ich es gelernt.

Schnitzler-Ungermann: Woanders gibt es aber das ganze Jahr über frische Muscheln. Früher war das ein Problem der Kühlung, das weiß ich. Aber heute? Also im Februar will bei uns schon so langsam keiner mehr Muscheln haben. Dann wollen die Gäste wieder Stielmus.

Horst: Wie macht Ihr das denn?

Schnitzler-Ungermann: Untereinander mit Kartoffeln und Mettwurst. So richtig Hausmannskost.

Horst: Das hört sich alles richtig lecker an, ne? Da fahren wir doch mal zum Essen hin, denn du bist offenbar auch mit Leib und Seele dabei. Da vorne steht schon alles, was wir heute zusammen zubereiten. Entenbrust, und dazu machen wir eine Spinat-Orangensauce, die Schlangengurke werden wir nachher schälen, panieren und braten, das ist sehr lecker, erfrischend und knackig. Und dazu ein paar Nüdelchen, und dat waret schon. Das ist locker und leicht. Was möchtest du denn gerne machen? Also hier, bei den Schlangengurken, da müssen die Pöppelches ab, und die müssen dann geschält und in nicht ganz so dünne Stücke geschnitten werden. Und ich mach derweil die Entenbrust fertig.

Schnitzler-Ungermann: Hach, ich bin schon hungrig. Das heißt aber nichts, ich bin immer hungrig, das sieht man an meiner Figur.

Horst: Immer diese vermeintlichen Figurprobleme. Mich hat mal einer gefragt: Horst, wie sieht ein schöner, alter Baum aus? Und da hab ich überlegt und gesagt: Der hat einen schönen, dicken Stamm und eine große Krone. Und da meinte der: Jetzt stell dir mal vor, der wäre dürre und vertrocknet. Und siehst du, Horst, so wirst du langsam ein schöner alter Baum. Bleib so. – Die Gurken schneiden wir so.

Schnitzler-Ungermann: Jawohl Chef!

Horst lacht. In Nullkommanichts hat Gertrud Schnitzler die Gurken geschält und in Stücke geschnitten. Horst ist begeistert und lobt: „Das sieht ja perfekt aus. Und ging auch verdammt schnell".

Schnitzler-Ungermann: Gelernt ist gelernt. Ich habe eine schwere Ausbildung bei meiner Mutter gemacht. Und wer meine Mutter kennt, weiß, was ich da hinter mir habe.

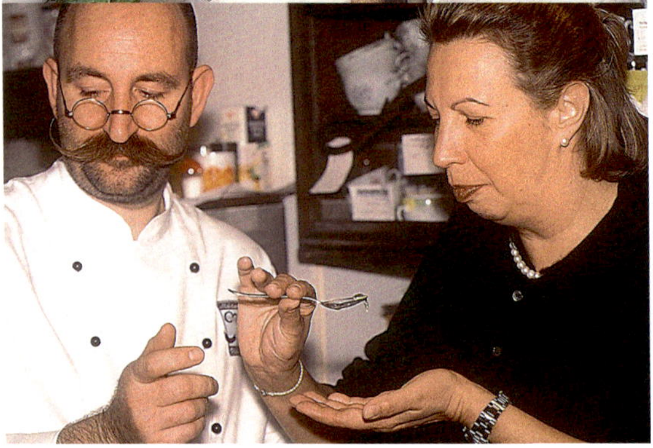

Das war schon eine harte Schule, das kann ich nicht anders sagen. Und die 20 Jahre lang. Und sie war nie zufrieden. Man hat immer irgendetwas falsch gemacht. Aber ich profitiere heute davon. Als junger Mensch muss man schon so eine Erfahrung gemacht haben.

Horst: Aber dazu ist ja keiner mehr bereit. Als ich 14 Jahre alt war kam ich in die Lehre, und da hat mein Lehrherr mir erst mal einen Stapel Salatteller vor die Füße geworfen, weil ich zu doof war, die durchzuzählen. Ich habe nur elf Salatteller fertiggemacht und nicht zwölf. Das reichte dann für einen seiner Wutanfälle.

Horst schlägt ein Ei zum Panieren auf. Co-Köchin Schnitzler wälzt die Gurken in Ei, Mehl und Paniermehl und will wissen, von wem er das Kochen gelernt hat.

Horst: Ich habe bei meiner Mutter immer schon in den Pott geguckt und war fasziniert von der ganzen Kocherei. Und deswegen wollte ich auch Koch werden. Aber in den Küchen, in denen ich gearbeitet habe, gab es nie Mädchen, höchstens zum Spülen. Keine Köchinnen. Alle Köche, bei denen ich war, haben immer gesagt: Eine Frau in der Küche, das geht nicht, die sind nicht genug belastbar. Alles Sprüche. Heute arbeite ich am liebsten nur mit Frauen zusammen. Mann, ich muss ja richtig schnell arbeiten hier, ich komme dir ja gar nicht hinterher. Schau mal die Entenbrust. Ich hab hinten die Häubches abgeschnitten und vorne habe ich die nur eingeschnitten. So wie üblich. – Das ist ja für Euer Personal bestimmt auch heftig, wenn die Chefin richtig kochen kann und denen immer auf die Finger schaut.

Schnitzler-Ungermann: Na ja, ich bin ja nicht nur in der Küche, ich hab ja auch noch ein bisschen was anderes zu tun.

Horst: Nee, aber ich denk mal, wenn du da reinmarschierst, haben die doch immer das Gefühl, da steht ein Wachtposten rum, oder?

Schnitzler-Ungermann: Also, die schreien nicht Alarm.

Horst: Bei uns war das schlimm, wenn der Chef in die Küche kam. Der hat dann alles, was schon fertig und kontrolliert war, noch mal kontrolliert.

Schnitzler-Ungermann: Das ist klar, aber wenn das nicht wäre, dann wär man ja auch kein Chef. Aber ich denke, wir haben eigentlich ein ganz gutes Verhältnis. Ich kann zwar auch schimpfen. Manchmal kommt Thea, unsere Mutter, ja auch durch bei uns Kindern.

Horst: Wie viele Leute habt Ihr denn in der Küche?

Schnitzler-Ungermann: Also wir haben zwei Hauptküchenchefs, die in Schichten arbeiten, und in jeder Schicht sind am Herd noch mal vier Mitarbeiter. Das sind insgesamt 27 bis 30 Mitarbeiter, inklusive kalter Küche. Wir machen ja auch die Salate selbst und die Mayonnaise und vieles mehr. Und im Schnitt 300 Essen pro Tag.

Horst: Also ein Konzern.

Schnitzler-Ungermann: Um Gottes willen. Ein Familienbetrieb. Also, junger Mann, ich brauch noch mehr Panade.

Horst möchte gern in naher Zukunft eine Betriebsführung durch das „Schumacher“ oder den „Goldenen Kessel“ machen, da er noch nie in einer so großen Küche gearbeitet habe und ihn das schon fasziniere. Die Brauhaus-Chefin lädt ihn herzlich dazu und einem anschließenden Essen ein. Eine so große Küche, so meint sie, sei natürlich immer eine Herausforderung, vor allem weil die Gäste erstens alle auf einmal kämen, und zweitens überhaupt keine Zeit mehr mitbrächten. Sie bedauert, dass die Menschen heute selbst im Urlaub keine Zeit mehr haben und dass alles schnell, schnell gehen muss. „Also, das hasse ich ja, wenn man beim Essen keine Zeit hat. Ich esse mit Genuss.“

Horst: Ich habe hier mal einer jungen Dame, die nach 20 Minuten fragte, wann ihr Essen käme, gesagt: Ich habe eine ungeheure Toleranz jungen dynamischen Damen gegenüber, und ich würde verstehen, dass sie die Garungsdauer eines Frischgemüses nicht einzuschätzen wisse. Aber ich verlange die gleiche Toleranz von ihr. Das hat sie wahrscheinlich auch erst zwei Tage später verstanden. So, jetzt würze ich die Ente, nur mit Salz und Pfeffer, dann gepresstem Knoblauch und frischen Kräutern, die ich auch nur grob hacke.

Schnitzler-Ungermann: Du salzt vor dem Anbraten? Ich habe das so gelernt, dass man nur pfeffert und erst nach dem Anbraten salzt, damit die Poren sich schließen. Das seid Ihr Männer, Ihr macht auch beim Kochen, was Ihr wollt.

Gertrud Schnitzler-Ungermanns Spinatsalat

Ich mache auch gern Spinatsalat, als sommerliche Alternative zum Feldsalat. Ich bereite ihn mit Essig, Öl, gebratenem Speck und ein paar kleingeschnittenen harten Eiern zu. Und eventuell mit Champignons. Lecker!

Horst: Nee, aber meine Pfannen sind so heiß, da macht das keinen Unterschied. Du wirst das hinterher weder sehen noch schmecken können. Ich brate sie oben an und schiebe sie dann unten in den Ofen. Die müssen schön rosa sein. Und dann habe ich hier ein paar Spinatblätter zur Seite gelegt, für die Dekoration.
Wir schneiden diesen Spinat jetzt, dünsten ihn im Entenfett an mit Knoblauch, dann die filetierten Orangen dazu. Und Pfeffer. Also die Entenbrüste, die brate ich in der Pfanne an, in der ich hinterher die Soße machen will, und die Brüste kommen dann in den Ofen. Die Nudeln, die machen wir zum Schluss, die brauchen nur zwei bis drei Minuten. Das werden knackige Brüstchen. So, wenn die Entenbrust angebraten ist, tu ich noch ein bisschen Kräuterbutter obendrauf. Dann nehme ich sie raus und schütte ein bisschen Fett ab, damit die Soße nicht zu fett wird.

Schnitzler-Ungermann: Und wahrscheinlich, nach allem, was ich von dir gehört habe, gibst du am Ende noch ein Schüsschen Sahne dazu. – Ach, jetzt brätst du die Gurken an. Kann das sein, dass ich in Italien schon mal panierte Zucchini gegessen hab?

Horst: Ja, genau. Ich hab auch schon Kohlrabi so gebraten.

Schnitzler-Ungermann: Das macht echt Spaß hier. Aah, jetzt kommt die Sahne. So ist das richtig, ein gutes Essen ohne Butter und Sahne, das gibt es doch gar nicht, basta. Jetzt kann man ja auch sehen, dass ganz viele Pfannen auf den Herd passen. Mmmmmh, riecht das gut.

Kurz darauf ist das Essen fertig. Horst und Gertrud Schnitzler-Ungermann richten an, essen und plaudern über Gott, die Welt und den rheinischen Karneval, vor dem sie beide jedes Jahr fliehen.

Schnitzler-Ungermann: Also, ich muss schon sagen, diese Spinat-Orangensoße ist sehr lecker. Und geht relativ einfach.

Horst: Jetzt stell dir vor, ich hätte dir vorher gesagt, wir machen eine Soße mit Entenfett und Speck und dann auch noch Sahne und Orange, da hätten ja viele gesagt: Das kann nicht schmecken.

Schnitzler-Ungermann: Also, das finde ich überhaupt sympathisch, dass du auf Kalorien gar nicht guckst. Die Gurken sind sehr schön frisch. Vielen Dank!

Entenbrust in Spinat, Orangensoße, Safran-Nudeln und gebackene Schlangengurke

Zutaten für 2 Personen:

2 große Entenbrüste (männlich)
250 gr. Blattspinat
50 gr. Würfelspeck
50 gr. Butter
3 Orangen ohne Kerne
1 Salatgurke
200 gr. Safran-Nudeln
50 gr. Kräuterbutter
150 gr. Sahne
2 Eier, Paniermehl, Mehl

Entenbrust mit Salz und Pfeffer würzen. In einer tiefen Pfanne von beiden Seiten anbraten. Danach in eine kleinere Pfanne rein, Kräuterbutter drauf und bei 160 Grad ca. 10 Minuten in den Backofen.
In die Pfanne, in der die Entenbrust angebraten wurde, kommt der Speck rein. Den gut gewaschenen und in Streifen geschnittenen **Spinat** kurz andünsten, dann die in Würfel (natürlich ohne Schale) geschnittenen Orangen rein und kurz aufkochen lassen. Jetzt die Sahne, Salz und Pfeffer dazu und einreduzieren lassen. Nach Geschmack Knoblauch dazu.
Die **Safran-Nudeln** in Salzwasser mit etwas Olivenöl ca. 2 Minuten kochen lassen und vor dem Servieren noch in Butter anschwenken.
Salatgurke schälen und in ca. 2 cm dicke Scheiben schneiden, mit Mehl, Ei und Paniermehl panieren und in einer Butterpfanne goldbraun backen.

wein für alle!
rotweiss

1999er Frühburgunder Spätlese trocken, Neuenahrer Sonnenberg, Weingut J.J. Adeneuer, Ahr, Deutschland
Ca. € 16,00 bei rotweiss.

Das Gericht beinhaltet komplexe Aromen und verspricht ein außergewöhnliches Geschmackserlebnis. Hier kann nur ein grundsolider und standfester Begleiter mithalten, wie es dieser mineralbetonte Ahr-Exote aus der recht unbekannten Frühburgunder Traube einer ist.

Er kenne Heine wie kaum ein anderer, schrieb respektvoll die altehrwürdige DIE ZEIT über ihn, und Professor Joseph Anton Kruse erzählt von Düsseldorfs berühmtestem Spross gern und viel; schließlich versteht er, der als junger Mann einst Priester werden wollte, sich als „säkularisierter Missionar für literarische Belange". Heines Botschaften hat er während seines Lebens als Professor in die ganze Welt hinausgetragen. Ein fröhlicher, ein lebensbejahender Missionar („Ich liebe doch das Leben" sagt er gern mit Heine), der mit eloquentem, zuweilen ironischem Witz darum bemüht zu sein scheint, den Menschen nicht nur die Literatur, sondern auch das Lachen wieder nahe zu bringen: „Professor Kruse sagt keine zwei Sätze, ohne einen Witz zu machen", sagen diejenigen, die an der Heine-Uni bei ihm studieren. Man muss ihm schon gut zuhören, denn der hochgewachsene, schlanke, äußerst vitale Mann redet rasend schnell, ja atemlos. Kruse wurde 1944 als Sohn eines Postangestellten in Dingden am Rand des Münsterlandes geboren. Seit der Obertertia lebte und lernte er in Häusern der Steyler Missionare in St. Arnold, Bad Driburg und St. Augustin, mit 21 Jahren ging er weg, um in Bonn Germanistik, Theologie und Philosophie zu studieren. 1975 wurde er zum Direktor des Heine-Instituts berufen, 1986 zum Honorarprofessor an der Heine-Uni ernannt. Joseph A. Kruse ist geschieden und hat zwei Söhne; er lebt allein mitten in Düsseldorf. In seiner verbleibenden freien Zeit schreibt er Gedichte, die er in kleinen Editionen herausgibt.

Ich bin der Lichter und kein Dichter!

Lieber Horst: mein Dank ist Dir gewiß bis morgen,
dann mach ich mir darüber neue Sorgen -
und dank Dir weiter durch mein Leben,
denn solche Leut wie Dich soll's öfter geben!

Dank + Wünsche für die weiteren Künste

Ist ja klar, dass der Germanistik-Professor, Heine-Experte und passionierte Dichter Joseph A. Kruse gleich ein lyrisches Werk in Horst Lichters Gästebuch schreibt. Horst hätte das nach eigenem Bekunden bestimmt nicht so hingekriegt: Erstens ist er Lichter und kein Dichter und zweitens hat er's auch nicht so mit der Rechtschreibung. Dafür kann er was herstellen, was andere gern essen, stellt Professor Kruse fest und erteilt Horsts Gästebuch mit Reimen obige höchst professorale Weihen. Das hatte Horst sich gleich zu Beginn der Koch-Session gewünscht:

Horst: Ich möchte unbedingt, dass der Professor nachher in mein Gästebuch schreibt.

Kruse: Wenn ich dann noch schreiben kann! Wahrscheinlich werde ich schreiben: Das war der Höhepunkt meiner schrecklichen Lebensfahrt! Hat der Horst denn schon gehört, wie das Buch heißt? „Kurios köstlich" – Horst Lichter kocht mit Gästen! Das ist ein Stabreim. Wir können das sich beim Kochen entspinnende Gespräch ja in Stabreime bringen. Das wäre doch schön, da hab ich endlich mal ein Geschenk für mein weiteres Leben.

Horst holt angesichts des hohen Besuches erst mal eine frische Kochjacke aus der Vorratskammer, die Kruse gebührend bestaunt; er glaubt, dass sie bestimmt extra designt ist mit diesen schönen schwarzen Knöpfen.

Horst: Das ist eine ganz normale Kochjacke. Hab ich das nicht schon erzählt, damals, wie das war, mit den Knöpfen, als ich in die Lehre kam? Die weißen und die schwarzen Knöpfe haben nämlich tatsächlich einen Sinn in der Küche. Das ist nicht fest geschrieben, aber das ist seit ewigen Zeiten so. Als ich in die Lehre kam mit 14 Jahren, bin ich mit meiner Mama nach Köln gefahren, Berufsbekleidung kaufen. Und dann habe ich mir eine karierte Kochhose ausgesucht, die musste sein, ein Halstuch, Mütze, Schürze, Jacke, klar, und am schönsten sahen natürlich die schwarzen Knöppe auf der weißen Jacke aus, also habe ich schwarze Knöppe gekauft. Dann mein erster Arbeitstag: ich hatte noch so einen richtigen Monarchen als Lehrherren; leicht cholerisch, aber ein sehr, sehr guter Koch, im Privatleben wie ein Vater, im Betrieb ganz, ganz schlimm. Und ich steh da in der Küche morgens, erster Arbeitstag, in voller Montur, stolz wie Oskar, mit den schwarzen Knöpfen. Chef kommt rein, der hatte immer so eine halbe Brille an, sagt keinen Ton und geht durch die Küche ins Büro. Auf einmal ruft der in die Küche rein: „Meester!" Ich blieb natürlich völlig unbeteiligt und dachte: „Was will der?" Ja, dann schoss der rein in die Küche – der hat immer sehr gerne geschrieen – und brüllte: „Hörnse mal zu, Sie sind doch Meister!" Ich sag: „Herr Winter, ich bin der Horst Lichter und bin zur Lehre hier und habe heute meinen ersten Arbeitstag!" „Wieso tragen Sie dann Knöpfe eines Küchenmeisters? Wenn Sie schon alles können, brauch ich Ihnen ja nichts mehr beizubringen." Dann ließ er mich stehen, und ich fing an zu heulen. Hätte man mir ja auch sagen können, wie das ist: Der Küchenmeister trägt schwarze Knöpfe. Und alle Untergebenen tragen weiße Knöpfe. Heute gibt es da auch rote Knöpfe zu kaufen, aber das find ich affig. Da bin ich schon etwas altmodisch. Auf dem Land haben die ja grüne Knöppkes.

Kruse: Aber die wählen nicht grün!

Horst: Nee, die wählen schwarz! Also ich hab mir überlegt, da du so gerne

Fisch isst, werde ich dich heute nicht schocken und wir machen tatsächlich Fisch. Erst wollte ich ja wirklich Fleisch machen, doch da dachte ich mir: Nee, lass mal, das ist bestimmt ein netter Kerl, du machst Fisch, aber halt anders als andere. Das heißt, wir werden heute Seeteufel essen. Dazu machen wir ein ganz leckeres Sößchen und eine interessante Variation von Gemüse. Wir werden alle Gemüse inklusive Kartoffeln in einer Brühe kochen. Also erst die Sachen rein, die am längsten brauchen, die Kartoffeln, dann die anderen Gemüse, bis zum Schluss der Blumenkohl und der Broccoli auch hinein kommen. So kriegt alles einen richtig herrlichen Geschmack. Ich hab gestern eine schöne Gemüsebrühe dafür aufgesetzt, die ist fertig. Und dann machen wir noch ganz was Spannendes: Wir werden eine schöne Fischsoße machen von dem Seeteufel, mit Sahnemeerrettich. Dann hab ich da wieder einen ganz tollen süßen Senf, frischen Knoblauch, und ein bisschen watt für die Figur. Wenn wir das Gemüse schon in der Bouillon kochen, dann muss wenigstens die Soße für den Seeteufel cremig werden, da kommt natürlich Crème fraîche und Sahne hinein. Hach, ich muss erst mal eine rauchen. Ich denke mal, du rauchst nicht.

Kruse: Ich rauche nicht, nein. Ich bin erzogen bei den Steyler Missionaren, und da war das Rauchen verboten. Ich habe es zwar ein paar mal heimlich gemacht, aber nachher nicht wieder angefangen.

Horst: Bei wem???

Kruse: Bei den Steyler Missionaren. Societas Verbi Divini, die Gesellschaft des Göttlichen Wortes, Patres, die aus Steyl in den Niederlanden kommen, von Arnold Janssen

Damit die Kochjacken auch richtig gestärkt werden können, kommen die Knöpfches immer extra darein. Das ist auch logistisch sehr gut durchdacht. So kann man sie nämlich von beiden Seiten knöpfen, egal, ob man Junge oder Mädchen ist. Ich kauf mir die auch immer watt größer, denn je weiter die fallen, bilde ich mir ein, desto schlanker sehe ich aus.

gegründet. Er ist schon ein Heiliger. Hängt in Kevelaer in der Basilika an der Decke. Die Steyler hatten hier Klöster. Da war ich siebeneinhalb Jahre, fast auf den Tag genau, bis 21, dann war die Frömmigkeit schon etwas gebrochen. Na, und dann bin ich nach Bonn gegangen und habe Germanistik, Theologie und Philosophie studiert.

Horst: Ich hatte letztens einen Gast hier, das war so ein richtiger Lebemann, und ich dachte mir, mein Gott im Himmel, was ist der Kerl fidel und was hat der für Ideen und was ist der jeck und jückig, und dann erzählte er mir auf einmal, dass er Theologie studiert hat und definitiv von Kindesbeinen an Pastor werden wollte, dann aber irgendwann mal bemerkt hat, dass der liebe Gott einen großen Fehler gemacht hat, weil, wenn der gewollt hätte, dass er Pastor werden solle, hätte er keine Frauen erschaffen. Und weil er nicht evangelisch war, da hat er sich dann gesagt: Okay, dann halt nicht.

Kruse: Meine Großmutter, die schon Nonne war, ist um 1900 aus dem Kloster wieder ausgetreten. Sie war nur wenige Zeit da, und dann ist sie nicht an dieselbe Stelle ins Münsterland zurückgegangen, wo sie her kam, weil man auf dem Dorf nicht als eine aus dem Kloster ausgetretene junge Frau leben konnte. Sie ging ins Ruhrgebiet, wo sie meinen Großvater kennen lernte, und heiratete, und ihre Tochter, die ist dann Nonne geworden.

Horst: Meinst du, du hättest Lust, mir zu helfen beim Kochen?

Kruse: Ich helfe bei allem, was ich kann. Also, das mit dem Gemüsefond, das kommt mir ja schon sehr bekannt vor, weil ich doch meine Jungen früher regelmäßig an Wochenenden bekocht habe, als sie noch klein waren. Ich hab zwei Jungs, der eine ist 29 und der andere zweieinhalb Jahre jünger, ich war zehn Jahre verheiratet. Und jetzt lebe ich unter anderem in einer sehr nett eingerichteten Küche, die ich aber kaum nutze. Was ich am besten konnte, war eigentlich „Allesdurcheinander". Also so mit Gemüsen und Kartoffeln und sonst was. Der Jüngere hat mich dann irgendwann gefragt: Sag mal, kannst du nicht so richtig kochen wie andere Leute auch? Weil der Knoblauch ihnen doch nachher so stark aus dem Hals kam. Aber was ich gut konnte, damals jedenfalls, waren Pfannkuchen. Pfannkuchen sind doch was ganz Tolles.

Horst gibt Professor Kruse eine Schürze; der zieht sich das Jackett aus und schwingt ein Küchenhandtuch locker über die Schulter. Horst erklärt wie immer, wo alles ist. Kruse würde ja gern den Knoblauch schälen, bekommt aber die Anweisung, sich zunächst um die festkochenden Kartoffeln zu kümmern, weil die ja am längsten brauchen.

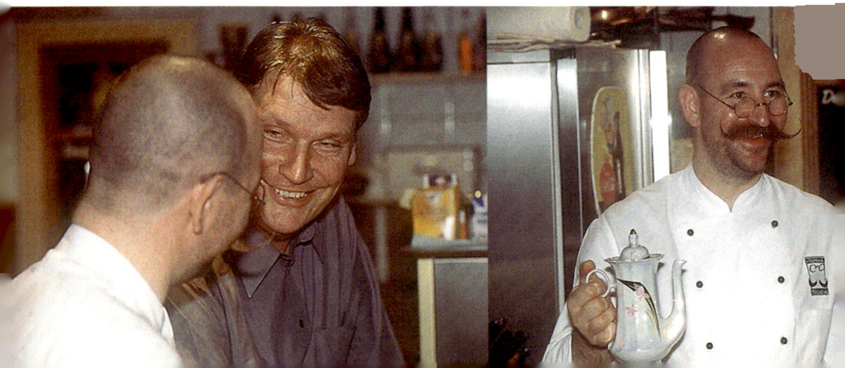

Jaroma Royal mit Specksoße für 2 Personen

Zutaten:

150 gr. durchwachsener Speck
1 Gemüsezwiebel
1 Liter Gemüsebrühe
1 Kopf Jaroma Royal
125 gr. Sahne
2 Eigelb
Salz, Pfeffer, Muskatnuss

Zubereitung:

Den fein gewürfelten Speck in einem Bräter mit der ebenfalls in Würfel geschnittenen Gemüsezwiebel in Schmalz auslassen. Danach leicht mit Mehl bestäuben und mit der Gemüsebrühe auffüllen. Jaroma Royal grob gehackt dazu geben und ca. 15 bis 20 Minuten bei niedriger Temperatur kochen lassen. Die Sahne mit den zwei Eigelb anschließend unter die nicht mehr kochende Brühe ziehen. Nachwürzen mit Salz, Pfeffer und Muskatnuss.

- Jaroma Royal kann bezogen werden bei:
  Jaroma fruit growing corporation,
  41812 Erkelenz

Krautsalat für 6 bis 8 Personen

Zutaten:

1 Kopf Jaroma Royal
2 Gemüsezwiebeln
1 kleine Kaffeetasse Olivenöl
1/2 Tasse Balsamico-Essig
Salz, Pfeffer, Zucker

Zubereitung:

Jaroma und Gemüsezwiebeln in feine Streifen schneiden. Öl und Essig dazu geben und gut mit beiden Händen durchkneten. Dadurch wird der Kohl schön weich und nimmt die Gewürze besser auf. Abschmecken mit Salz, Pfeffer und Zucker.

Kruse: Sag mal, was ist denn das für ein Kohl? Da stehen ja ganze Säcke davon vor der Tür. Ich hab das eben für Wirsing gehalten.

Horst: Ja, dat is wat ganz Besonderes. Das heißt Jaroma Royal. Das hat ein Bauer hier in der Gegend entwickelt. Das ist eine Mischung zwischen Eisbergsalat, Kohlrabi und Weißkohl. Der ist wirklich so gezüchtet. Jaroma Royal kann man roh oder gekocht essen, Salate damit machen, alles mögliche. Und wir werden heute ein bisschen davon in das Gemüse tun und nachher alles damit anrichten. Das Tolle an dem ist, das ist zwar irgendwie Kohl, aber er verursacht keine Blähungen! Er ist wesentlich leichter, als er aussieht, und hat einen überzeugenden Geschmack. Schmeckt nämlich ein bisschen nach Kohlrabi, ein bisschen nach Weißkohl.

Kruse: Kohlrabi esse ich gern! Auch einfach pur.

Horst: Ja, ich auch. Ich hab hier neulich einen Kohlrabisalat gemacht, roh, das wissen die meisten Leute gar nicht, dass man Kohlrabi auch hervorragend roh essen kann. Riech mal den Senf.

Horst zeigt Professor Kruse seine „Pöttches“ und „Männches“. Er drückt seinem Gast ein Schälmesser in die Hand – einen Sparschäler verweigert dieser, „damit kann ich nicht umgehen. Ich hab das ganz

klassisch mit dem Messer gelernt. Manchmal schäle ich sie sogar mit dem Brotmesser". Das findet Horst sehr schön und sein Co-Koch ergänzt: „Mir wurde beigebracht, Kartoffeln möglichst dünn zu schälen, aber es gelingt mir nicht immer." Gelingt aber doch. Der Professor schält Kartoffeln wie ein Profi, vielleicht nicht ganz so schnell. Und zum Schluss überprüft er jeden einzelnen Erdapfel noch einmal genauestens auf Schalenreste und Äuglein.

Horst: Ich glaube ja kaum, dass ich dir noch irgendetwas beibringen kann.

Kruse: Das glaub ich aber schon. Ich hab es mit edleren Gerichten wie Fleisch, Fisch und so weiter nicht sehr weit gebracht. Aber in der Vermengung, in der Verbackung habe ich einige Berühmtheit erlangt. Und mit den Pfannekuchen natürlich, und mit Reibekuchen. Reibekuchen esse ich für mein Leben gern. Daran habe ich mir die Finger wund gerieben. Was ich schön finde ist, wenn man Gemüse, die zueinander passen – es passen ja nicht alle Gemüse zusammen – verbindet und daraus eine schöne, feste, so eine stampige Suppe macht. Stampig heißt bei mir, dass die Zutaten nicht zerdrückt sind, sondern ganz und fest bleiben, aber klein genug, dass man sie mit dem Löffel essen kann.

Horst: Das passt zu meiner Küche. Man muss sehen können, was es ist, aber was zusammen passt, steht für mich nicht in Büchern, die schon geschrieben sind, sondern das beurteilt derjenige, der es isst. Das, was ihm am besten schmeckt, ist ausschlaggebend. Erstaunlich finde ich auch immer wieder, dass wir das, was unsere Eltern kochten, lange nicht mögen, und dann plötzlich entdecken: Mann, watt war dat lecker.

Kruse: Oh ja. Mein Vater zum Beispiel, der war ein Liebhaber von Suppen. Und bei uns auf dem Lande war es natürlich Sonntagsmorgens so, man ging zur Kirche um

Stampige Suppe nach einem Rezept von Joseph A. Kruse

Man braucht reichlich Kartoffeln, Möhren, Kohlrabi, Porree, Chicorée, Fenchel, Paprika, Tomaten, Sellerie, Zwiebeln, Knoblauch, eventuell ein Apfel, Blumenkohl, Broccoli, Petersilie (Zutaten der Gemüse nach Geschmack und Variationsmöglichkeit).
Gemüse putzen und nicht zu klein schneiden, Brühe eventuell durch eine lang vorgekochte Beinscheibe (Kochzeit ca. 1,5 Stunden) verfeinern. Empfindliche Gemüse wie Blumenkohl und Broccoli nicht zu lange mitkochen lassen. Eventuell einen Schuss Olivenöl dazu geben. Mit Pfeffer, Paprika, etwas Muskat würzen und frische oder getrocknete Küchenkräuter beifügen.

acht oder halb neun. Das Hochamt um zehn, da gingen wir nicht hin, das war ja schon was für die Faulen. Um elf war dann die Hühnersuppe als Brühe vorgekocht, also noch keine Suppe, und mein Vater aß dann einen kleinen Teller, aber nur er, weil er das Familienoberhaupt war. Wir mussten ja warten und nachher zusammen essen. Und so sind wir alle wie die Wilden Suppenfreunde geworden. Ich esse heute noch für mein Leben gern Suppen.

Horst: So was habe ich von anderen Vätern auch immer gehört. Das Familienoberhaupt, das arbeiten muss, wird bevorzugt behandelt. Bei meinem Vater war das anders: Der hatte immer zwei Nebenjobs, damit er für die Familie alles klar kriegte, aber der hat immer als letzter gegessen. Der hat erst geguckt, dass wir Kinder all das haben, was uns helfen sollte, zu wachsen.

Kruse: Ein vorbildlicher Mensch. Bei uns gab es als Nachtisch oft eingemachte Kirschen. Da habe ich mich über unsere Eltern auch immer gewundert und gefreut, dass sie so entsagungsvoll waren, dass sie von den abgezählten Kirschen uns Kindern auch noch was abgaben. Ob ich diese Güte bewahrt habe, weiß ich nicht.

Horst will vom Honorarprofessor wissen, ob er denn auch mal mit der flachen Hand erzogen worden ist, und Kruse erzählt, dass dies nicht nur mit der flachen Hand geschah, „sondern auch mit dem Pitzken, wie das im Westfälischen so schön heißt. Das sind Weidenzweige, Peitschen eben. Im Internat, da musste auf den Fluren geschwiegen werden, da gab es einen Pater, wen der beim Schwätzen erwischte, der kriegte – schwupps! – eine geflappt."

Horst kann sich erinnern, dass er einen Lehrer hatte, der Nussbaum hieß. „Von dem kriegte man Nüsschen, das tat weh. Und dann hatten wir einen, der sortierte die Hefte nach den Noten – Mann, das war immer ein Drama für mich. Besonders, wenn es um Rechtschreibung ging."

Kruse glaubt, dass Horst auch eines jener Genies mit einer gewissen legasthenischen Neigung ist, und der muss gestehen, dass die Rechtschreibung für ihn immer ein großes Problem war.

Weiter geht es mit den Vorbereitungen. Horst bereitet den Fisch zu, Joseph A. Kruse schaut zu und schält und schnippelt weiter: Nach den Kartoffeln nun die herrlich roten Zwiebeln und auch den Lauch.

Kruse: Wie weit darf man den Lauch eigentlich verwenden? Weil ich immer so ungern was wegwerfe. Was muss ich wegschneiden?

Horst: Nur das, was drüsch ist. Den Rest kannste komplett verwenden. Und du lebst also allein? Du hast keine Streitereien zu Hause?

Kruse: Neiiiiin, zu mir kommen immer alle, die sich streiten, und wollen getröstet werden. Ich habe schon ein extra Klingelzeichen vereinbart.

Die beiden schütten die Kartoffeln in die Bouillon und vertiefen sich in die Herstellung der Soße, dann in das Würzen des Fisches. Horst offenbart auch Professor Kruse das wesentliche Geheimnis der Lichter'schen Kochkunst, die Zutaten seiner exklusiven Gewürzmischung: Salz, Pfeffer, Rosenpaprika, worauf Kruse feststellt, dass selbst er das im Schrank habe.

Horst erklärt, was er unter mehlieren versteht, und wälzt den Fisch in etwas Mehl. Er hebt den Deckel des Topfes, in dem die Bouillon vor sich hinbrodelt. Eine Dampfwolke steigt auf.

Mehlieren: Mehl über Fisch oder Fleisch leicht „verlieren", sprich bestäuben. Dadurch bekommt das Ganze eine schöne Kruste: das Mehl ist weg, der Saft bleibt drin.

Horst: Riech mal! Aber Vorsicht, nicht so dicht dran mit dem Gesicht. Wir wollen ja kein Peeling machen.

Kruse: Obwohl ich bei der Fahrt hierher schon entsprechend vorbehandelt wurde. – Riecht sehr gut.

Das restliche Gemüse kommt in die Suppe. Horst erklärt, dass er die Bouillon aus Gemüseresten gekocht hat, beide putzen den Jaroma Royal („Da brauchst du außen nur ein oder zwei Blätter abzuziehen, dann ist der sauber"), Kruse schneidet Tomaten und „macht die Pöppelches ab", wie Horst es stets so schön formuliert. Des Professors Kommentar: „Das ist doch ein Nachtschattengewächs, da soll man den Strunk ja nicht essen." Doch ein heimlicher Experte? Auch die verwendete Kartoffelsorte will er wissen, aber die kann Horst sich nicht merken, schließlich hat der Bauer, bei dem er die Kartoffeln holt, viele Sorten, „und die tragen alle unmögliche Mädchennamen."

Horst: Guck mal, das ist ein russisches Kännchen.

Kruse: Das hätte ich aber auch nicht von dir gedacht, dass du zuerst in der Rommerskirchener Pfarrkirche knietest und dich dann dem Sowjet-Kommunismus zugewandt hast. Ich war ja schon in den 70er Jahren mal da.

Horst: Und wie war das Essen da?

Kruse: Ach wunderbar. Ich habe nichts lieber gegessen als diese kleinen, in Näpfchen gemachten Champignons im Hotel National gegenüber der Kreml-Mauer.

Horst: Wie lange musstest du auf einen Tisch warten?

Kruse: Mich haben die gleich genommen wegen der großen Füße. Ich hab nämlich Schuhgröße 48. Aber wo wir schon mal bei Kosmetik sind: Wie kriegst du eigentlich deinen Bart zum Stehen?

Horst: In meinem Alter steht der von alleine – nee, mit Haarlack, ganz viel Haarlack.

Die beiden probieren die Soße, und Kruse äußert ein enthusiastisches Mmmmh! Kurz darauf wird auch der Fisch, der mittlerweile im Ofen verschwunden war, wieder hervorgeholt und seine Optik mit gewählten, lobenden Worten bedacht. Dann richten Koch und Gast Speisen auf einem großen, offenbar aus dem arabischen Raum stammenden Teller an. Und weil das Wetter heute so schön ist, wird draußen im Garten in der warmen Frühlingssonne gegessen. Man sitzt auf altem Chorgestühl aus Horsts unerschöpflichem Fundus, trinkt Wein und genießt das Leben. Eine Tafel wie gemalt. Da schwelgt man gern in vergangenen Zeiten.

Horst: Weiß man denn eigentlich, was Heine gern gegessen hat?

Kruse: Oh jaaaa! Es gab ja zum Heine-Jahr mehrere Kochbücher. Und es gibt einen wunderbaren Aufsatz von einem englischen Professor namens James T. Reed, der heißt „Heines Appetit". Heine ließ ja kaum eine Gelegenheit aus, zum Beispiel, wenn es um politische Dinge ging, auch im Wintermärchen, oder auch, wenn es um die Liebe geht, immer alles über den Geschmack auszudrücken. Der Fisch in der gebratenen Butter, der Stockfisch, oder das westfälische Essen, oder die Zuckererbsen für Jedermann, bei Heine hat alles immer mit dem Essen zu tun. Als er krank war und nicht mehr so konnte, und eine junge Freundin hatte, die ihn pflegte und ihm vorlas – in seiner Ehe war ja längst der Ofen aus und nicht wie hier noch angestochert –, da hat er gesagt, wenn man an den lieben Gott glaubt, und den braucht man ja, wenn man krank ist, dann braucht man über die Unsterblichkeit nicht nachzudenken, die gibt einem der liebe Gott mit wie der Metzger einen Markknochen.

Horst seufzend: Na ja, ich kann nicht so schön formulieren. Ich bin ja nur der Lichter, aber kein Dichter.

Kruse: Aber das zeichnet den Lichter doch aus, dass er das macht, was die anderen gern essen, aber von dem sie so tun, als sei es für das geistige Leben gar nicht notwendig. Das ist ja gar nicht wahr. Und das kann man bei dem Autor Heine eben lernen. Und eine Mahlzeit ist doch immer auch mehr als bloße Nahrungsaufnahme.

Horst: In der Bibel sitzen die ja auch immer alle an einer großen Tafel. Essen war ja schon immer dabei.

Kruse: Und außerdem: Die Leute, die dich bewundern, die bemerken vor allem die von dir verwendeten Verkleinerungsformen, die meinen Füßen sehr gut täten.

Fröhliches Gelächter im Sonnenschein. Joseph A. Kruse nimmt noch ein Schlückchen Wein, Horst auch. Das Leben kann so schön sein.

1999er Eurus, Côteaux de Languedoc, Abbotts, Frankreich
Ca. € 9,00 bei rotweiss.

Fisch und Kohl – da brauchen wir einen anspruchsvollen Weißwein, der zu reichhaltigen und komplexen Speisen passt. Die in Frankreich arbeitende australische Winzerin Nerida Abbott liefert uns die Lösung.
Eurus ist kraftvoll, aber dennoch fein und edel. Er wird aus Viognier, Rousanne und Grenache Blanc gemacht.

Alles mit Fisch: Seeteufel

Zutaten für 4 Personen:

5 Seeteufelfilets
400 gr. Kartoffel
2 Stangen Porree
2 rote Zwiebeln
1 Liter Gemüsebrühe
1 Bund Dill
1 Kopf Jaroma Royal
1 kleiner Blumenkohl
1 kleiner Broccoli
4 Zehen Knoblauch
250 gr. Crème fraîche
125 gr. Sahne
50 gr. Kräuterbutter
Sahnemeerrettich, süßer Senf,
Salz, Pfeffer, Rosenpaprika,
Worcestersoße

Kartoffel, Porree und rote Zwiebeln gut waschen, schälen und in große Würfel schneiden.
Die vorgefertigte Gemüsebrühe aufsetzen, Kartoffeln, Porree, Blumenkohl und Zwiebeln dazu und ca. 15 bis 20 Minuten bei kleiner Hitze garen lassen. Kurz vor Ende der Garzeit den Broccoli dazu geben.
Für die **Fischsoße** 1 Seeteufelfilet in feine Streifen schneiden, mit Knoblauch und fein gehacktem Dill kurz andünsten. Jetzt Crème fraîche, 2 TL Senf, Sahnemeerrettich und Sahne dazugeben und bei kleiner Hitze ca. 10 Minuten einreduzieren lassen. Bei Bedarf mit Salz und Pfeffer nachwürzen.
Die restlichen **Seeteufelfilets** mit Salz, Pfeffer, Rosenpaprika und Worcestersoße würzen, leicht mehlieren und im Bräter von beiden Seiten kurz anbraten. Danach die Oberseite etwas einschneiden, mit Kräuterbutter bestreichen und im Backofen bei ca. 180 Grad ca. 6 Minuten garen lassen.
Den **Jaroma Royal** in 4 Teile schneiden und die schönen, großen Blätter zum Dekorieren und Anrichten benutzen.
Sie schmecken auch hervorragend als Rohkost zum Fisch.

„Mein Name stammt aus dem Schwarzwald: Der Hakenjos ist der, der am Waldrand wohnt. Meine Mutter war Düsseldorferin, und auf Platt übersetzt heißt das: Der Jupp vom Busch." Dr. Bernd Hakenjos wurde am 13.2.1945 in St. Georgen geboren und wuchs in Düsseldorf auf. Nach dem Abitur am Humboldt-Gymnasium studierte er Kunstgeschichte, viele Jahre davon in Paris, und ging dann zum Düsseldorfer Hetjens-Museum, das, so Hakenjos, über die weltweit größte Keramiksammlung aus allen Epochen und Kulturen verfügt. In Sachen Keramik war er auf dem ganzen Globus unterwegs, besonders häufig aber in Marokko, einem Land, nach dem er ständig Heimweh verspürt und das ihn aufgrund seiner Verdienste um die Erforschung der marokkanischen Keramik mit einem Orden auszeichnete. „Als Forscher fühlt man sich dort wie der Camel-Mann, man ist ständig mit dem Jeep unterwegs und guckt hinter die Büsche." Der Jupp vom Busch eben. Dr. Hakenjos, der das Hetjens-Museum seit 1996 leitet, gilt heute als weltweit gefragter Keramik-Experte. Er liebt das Kochen, und wenn er in den Räumen des Museums Abende zum Thema „Keramik, Kunst und Küche" veranstaltet, serviert er höchstselbst auf kostbaren Tellern.

Die Herren der Pöttches und Kännches

Der eine sammelt Pöttches und Kännches aus Passion, der andere aus Profession; der eine alles, was die Gäste ihm an Porzellan mitbringen, der andere Keramik aus acht Jahrtausenden. Beim obligatorischen Rundgang durch die Oldiethek hebt Bernd Hakenjos den einen oder anderen Teller an, betrachtet die Rückseite und bestimmt Herkunftsort, ungefähres Entstehungsdatum und weiß meist auch eine Geschichte zum Hersteller. Doch Pöttches und Kännches sind nicht die einzige Leidenschaft, die der Museumsdirektor und Horst teilen: Beide rauchen wie die Schlote, trinken gern ein Bierchen, naschen mit Wonne Schokolade und machen schon mal einen Abstecher zu MacDonald's. Das Kochen und das Essen, das lieben beide am meisten – und so leiden auch beide unter dem Jojo-Effekt. Harmonische, unterhaltsame, gesprächige und witzige Kochstunden mit einem fulminanten Ergebnis: Straußenfilet in einer leichten Tomatensoße.

Horst: Für dich habe ich mir heute was ganz Besonderes überlegt. Du bist der erste, der sich was aussuchen darf.

Hakenjos: Ich habe mir Flugentenbrust gewünscht.

Horst: Ich hab auch was mit Ente. Aber ich überlege mir immer gerne irgendwas Anderes. Als Anregung nehme ich, was der Gast sich wünscht. Und dann gehe ich einkaufen und gucke, was es an dem betreffenden Tag so Schönes gibt. Bei mir entscheidet sich, was ich koche, wenn ich einkaufe. Weißt du, wenn ich mir fest vornehmen würde, so heute mach ich das Gemüse, mit dem Fleisch, und dann krieg ich all die Dinge gar nicht oder nicht richtig schön, dann kann ich das gar nicht kochen. Also mache ich das ganz anders: Ich habe eine Grundidee, gehe einkaufen, gucke überall rum und kaufe all das an Lebensmitteln, was ich schön finde, auch wenn das alles zunächst nicht passt. Zu Hause in meiner Küche lege ich dann alles nebeneinander und überlege mir: Jetzt könnte ich mir vorstellen, aus dem und dem und dem wird zusammen das. Ich hab frischen Spinat bekommen, der ist sehr schön. Dazu gibt

es – Fritten und Kroketten – nein, das ist ein Scherz, das mach ich natürlich nicht. Essen tue ich die allerdings auch schon mal, wenn ich so'n Heißhunger drauf hab.

Hakenjos: Bei mir ist alle zwei Monate einmal Mäkkes fällig. Mit Heißhunger. Da esse ich Burger und Pommes, ganz klassisch.

Horst: Das haben wir hier auch schon gebracht. Samstags nachts, wenn wir hier mit dem ganzen Team am Tisch sitzen, alle Gäste sind bekocht, dann merken wir plötzlich: Mann, haben wir einen Hunger! Denn wir essen ja den ganzen Tag nichts. Dann sagt einer, weißte watt, jetzt fahren wir zu MacDonald's, die haben bis morgens auf und dann bestelle ich mir immer so einen Hamburger Royal TS.

Hakenjos: Genau mein Modell.

Horst: Danach kann ich das Zeug aber auch nicht mehr sehen und nicht mehr riechen.

Hakenjos: Ja, das gibt für zwei Monate Ruhe.

Horst: Ich habe heute also einen schönen Vogel Strauß besorgt. Den mache ich in einer ganz außergewöhnlichen Tomatensoße.

Hakenjos: Gibt's denn hier in der Gegend Straußenfarmen?

Horst: Ich habe einen aus Südafrika, ich will keinen aus Deutschland. Ich war mal in Südafrika, und habe gesehen, wie die Tiere dort aufwachsen und gefüttert werden. Wenn man das gesehen hat, dann möchte man von hier hundertprozentig keinen mehr essen. In Deutschland in den Farmen kriegen die Strauße Fertigfutter und stehen auf engstem Raum. Die können nicht richtig laufen. Das ist ja so, als würde man einen Lachs auf dem Trockenen züchten, damit man das blöde Wasser nicht mehr hat.

Hakenjos: So'n Strauß ist wohl doppelt nutzbar, einmal für die Pfanne und einmal für die Folies Bergères.

Horst: Dann sollen sie mit Fleurop kommen. Also, wir machen Vogel Strauß in einer frischen Tomatensoße mit frischen Champignons drin, dazu gebratenen Sellerie. Dazu habe ich ein ganz leckeres Brot besorgt. Das ist zwar aus einer großen Backstube in Pulheim, aber seitdem der Bäcker mit mir zusammen arbeitet, kann ich ihn anrufen und sagen: Mach mal ganz verrücktes Brot. Und auf einmal fängt der wieder so an zu backen wie vor vielen Jahren. Da haben wir also ein echtes Sauerteigbrot, nicht mit industriellem Sauerteig. Und ein Mischbrot, aber nicht mit Grobkörnern, das mag ich nicht, die hat

man auf einmal zwischen den Zähnen hängen. Das Brot, das brauchen wir für das Sößchen, denn das muss man dippen. Das muss weg. Entweder quetscht man Kartöffelches hinein oder man muss das Brot tunken.

Hakenjos: Grundkenntnisse im Kochen habe ich zwar, aber noch nie einen Strauß gebraten.

Horst: Hast du schon mal Vogel Strauß gegessen? Das ist sehr lecker und schmeckt dem Rinderfilet sehr ähnlich. Ist nur viel schneller gar, das ist nämlich ganz feines Fleisch. Wenn du also ein großes Filet hättest, und das braucht – nehmen wir einfach mal nur eine Zahl – sieben Minuten, um medium zu sein, ist der Strauß in drei Minuten medium. Da habe ich anfangs auch ein bisschen probiert, damit mir der nicht kaputt geht in der Pfanne. Schön zart, hervorragend. Ich hab nur Straußenfilet, keine Straußensteaks, wobei ich wirklich überlege. Wo hat ein Strauß verdammt noch mal ein Filet?

Hakenjos: Ja nun, selbst ein Hähnchen hat ja ein Filet, das ist dieses kleine Stück in der Karkasse. Da ist so eine Kulle, und da ist ein Filet drin. Ich nehme an, dass die Straußen auch so eine Kulle haben. Nur, dass sie eben größer ist.

Horst: Dann muss die mächtig sein. (Horst zeigt Hakenjos prachtvolle Stücke herrlich dunkelroten Fleisches.) Das ist doch wirklich heftig. Du kennst dich aber doch sehr gut aus mit dem Kochen.

Hakenjos: Naja, man sieht an meiner Statur, dass ich jemand bin, der gerne isst, jemand, der immer unter dem Jojo-Effekt zu leiden hat. Das heißt, ich habe immer Diäten gemacht, die nur eine gewisse Zeit genutzt haben. Und dann wurde ich Kochbuchsammler. Das ist so eine Art von speziellem Masochismus. Dann, wenn man Diät macht, abends im Bett Kochbücher zu lesen. Aber das macht Spaß. Ich habe natürlich auch internationale Kochbücher, beruflich komme ich ja ein bisschen in der Welt herum. Ich bringe mir von jeder Auslandsreise ein Kochbuch mit. Meine Standard-Bibel ist immer noch der gute, alte Escoffier, in dem ich mir am liebsten Anregungen hole. Mit echter Nouvelle Cuisine hab ich es nicht so. Als das anfing damals, da habe ich gerade in Paris studiert. Da kamen die ersten Teller mit Nichts auf den Tisch, und zweitens gab es krampfhaft originelle Kombinationen. Das schlimmste, was ich mal mitgemacht hab, war Christstollen mit Gänseleberpastete, das sollte schick sein. Natürlich mit drei Kresseblättchen drum herum, aber das war nichts.

Horst: Nee, das ist auch nichts. Was hat mir da neulich jemand erzählt? Der war in den neuen Bundesländern essen und dort gab es Kaninchen mit frischem Spargel und gebratener Blutwurst. Ich esse ja auch gern Blutwurst, aber zum Spargel?

Hakenjos: Blutwurst, ja, bei Himmel und Ääd. Zu Karnickel sortiert kann ich mir das vorstellen aber die schmecken beide so stark, was soll dann der Spargel dabei? Das kann ich mir besser mit Wirsing vorstellen.

„Himmel und Ääd" ist ein typisch rheinisches Gericht und die Zubereitung sehr einfach: Apfelmus unter Kartoffelpürree heben und mit gebratener Blutwurst und gerösteten Zwiebeln servieren. Das Apfelmus steht für „Himmel" (die Äpfel hängen hoch am Baum) und das Kartoffelpürree für „Ääd" (Kartoffeln wachsen unter der Erde).

Horst: Tja, aber der wollte dann wohl ganz schick sein, der Laden.

Hakenjos: Also, damals in meiner Jugend, als ich so 20 war, da gab's noch den Eat-Art-Spoerri in Düsseldorf. Da ich immer schon neugierig war, habe ich da mit Vergnügen auch Termiten in Schokoladensoße gegessen. Das war ja schon so ein bisschen exotisch und mit dem Bäh-Faktor ausgestattet. Man musste sich doch ein bisschen überwinden, aber das hat geschmeckt. Das Gegenteil ist mir dann in Japan passiert, wo ich mehrfach beruflich war. Man muss sehr empfindliche Geschmacksnerven haben, um da Unterschiede festzustellen. Entweder ist es Fisch oder Soja. Ich habe in Japan mal einen Stand mit Poffertjes entdeckt. Das, was die Holländer immer machen, ist ja ursprünglich indonesisch. Hach, und da lief mir das Wasser im Mund zusammen, endlich mal wieder was mit Schokolade, habe mir eine Portion gekauft, und was war drin: Braune Bohnenpaste. Ich habe länger in Paris gelebt, und da habe ich mir französische Esssitten zugezogen. Tagsüber hatte man sowieso keine Zeit, da war man in der Bibliothèque Nationale, an der Uni oder im Museum. Essen gab es immer abends, länger und mehrteilig. Und dort hab ich mir den Usus des sogenannten „Nuttenfrühstücks" angewöhnt, das hat bis heute vorgehalten. Drei schwarze Zigaretten und drei Tassen Kaffee. Total ungesund, aber vor zehn, elf Uhr morgens kann ich nicht essen, muss aber früher aufstehen.

Horst: Bei mir ist das auch so. Nachts, da kriege ich richtig Hunger. Ich käme aber nie auf den Gedanken, hier nach Feierabend noch was zu kochen, denn dann bin ich satt gekocht, und der richtige Hunger fängt erst an, wenn die Gäste weg sind, und wir fertig sind. Ich bin es noch von der Lehre her so gewohnt: Wir als Personal essen nicht mit den Herrschaften. Das ist bei mir in Fleisch und Blut übergegangen. Wir haben damals nachmittags gegessen, nach dem Mittagessen. Da kam der Chef und fragte: Und, was hast du dir überlegt, was gibt es heute? Und dann haben wir das gekocht und alle zusammen, der ganze Betrieb mit Chef und Chefin, an einem großen Tisch gegessen.

Hakenjos: Es gibt ja auch die Möglichkeit, das Personal vorher zu füttern, damit es nicht so gierig auf die Teller der Herrschaft starrt. Ist eine alte Regel.

Horst: Ich kann nur hungrig kochen. Ich könnte mich nie vorher satt essen und dann den ganzen Abend kochen. Ich hab immer Hunger.

Hakenjos: In deinem Beruf macht Hunger wahrscheinlich kreativ.

Horst: Ja, und weil ich mit Hunger koche, mache ich bestimmt auch immer viel zu große Portionen. Aber lieber zu viel und lecker als zu wenig und es schmeckt nicht.

Hakenjos: Also der Gourmet-Teller von 31 oder 32 Zentimeter Durchmesser...

Horst: ...der ist voll. Hier kriegt man ja relativ selten einen Tisch, und wenn man mal kommt, dann soll man auch mal völlen.

Holländische Poffertjes

Man nehme: 250 gr. Mehl, 20 gr. Hefe, 2 El Sirup, ca. 0,5 l lauwarme Milch, 1 Prise Salz, Schale einer halben Zitrone, 2 Eigelb und Zucker zum Bestreuen. Zutaten zu einem dickflüssigen Hefeteig verarbeiten. Spiegeleier-Pfanne erhitzen, in jeder Vertiefung 1 Tl Fett heiß werden lassen und die etwa bis zur Hälfte mit dem Teig füllen. Die Poffertjes etwa 3 bis 5 Minuten backen, wenden und fertigbacken und anschließend mit Zucker bestreuen.

Hakenjos: Also, kochen mit eineinhalb Platten, das ist ja schon eine Leistung für sich. Das ist ja nicht unbedingt der Traum einer jungen Hausfrau. Dazu ist es zu mühsam. Das Kochen hier muss bestimmt generalstabsmäßig geplant werden.

Bei der obligatorischen Führung durch die Oldiethek erzählt Horst stolz von der Lore Lorentz-Büchersammlung, die sich in seinem Fundus befindet. Bernd Hakenjos erinnert sich, dass Lore Lorentz in ihrem vorletzten Programm eine schöne Definition für den Düsseldorfer geprägt hat: „Er trinkt Mööt, also Moet, und hat Bömmel an de Schuh". Seit der Schlacht bei Worringen hier vor der Haustür ist das ein Dauerthema mit den Kölnern und den Düsseldorfern. Horst erzählt, dass er seine Sammlung gerne mal ordentlich sortieren und archivieren würde und Hakenjos klärt ihn darüber auf, dass man in „seinem", dem Hetjens-Museum, schon seit dem Gründungsdatum 1909 immer noch einige Sortierreste hat – aufgrund mangelnden Personals. Die beiden kehren zurück in die Küche. Bevor es losgeht, schenkt Hakenjos Horst noch ein Buch über marokkanische Keramik:

Hakenjos: „Das schönste Buch, das ich jemals geschrieben habe. Wegen der Begleitumstände. Ein halbes Jahr Marokko. Ich bin von Haus aus Kunsthistoriker, und die Methoden waren für mich ganz fremd. Man fuhr da wie der Camel-Mann mit einem ollen Landrover durch die Gegend, hat die sparsamen Büsche aufgebogen und geguckt, ob dahinter ein Töpfer sitzt."

Horst: Zum Straußenfilet machen wir gebratenen Sellerie. Du wirst sehen, das ist sehr, sehr lecker. Jetzt sortieren wir uns erst mal die Aufgabengebiete.

Hakenjos: Die Tomaten müssen wohl gepellt werden? So was mach ich gern, ich mach auch gern Julienne oder so was, das Klitzekleinschneiden, das hat so was Meditatives. Ich mach dann mal den Kreuzschnitt nach Agnes Amberg, damit die Pelle besser abgeht.

Horst: Guck mal, die Champignons, sind die nicht schön, die kommen mit hinein in das Tomatensößchen. Das gibt einen ganz interessanten Geschmack. Das einzige, was ich heute nicht bekommen habe, ist frischer Oregano. Da müssen wir leider getrockneten nehmen.

Bernd Hakenjos pellt die Tomaten perfekt und mit Hingabe und erzählt von seiner Tätigkeit im Hetjens-Museum. „Als ich da anfing, habe ich gedacht, so jetzt machst du mal fünf Jahre Tassen, und dann suchst du dir ein anständiges Museum." Dann sei er aber doch geblieben, denn die Keramik sei ein spannendes Metier, besonders im Hetjens-Museum. Denn, so Direktor Hakenjos, „jetzt muss ich mal strunzen, wie das im Rheinischen so schön heißt, das Hetjens ist das einzige Museum der Welt, in dem Keramik aus allen Kulturen vertreten ist. Das ist viel spannender als Kupferstiche des 16. bis 18. Jh. zu sortieren. Im Hetjens hört das mit dem Lernen dagegen nicht auf. Und das macht mir einfach Spaß." Horst vermutet, dass Pöttches und Kännches schon deshalb spannender seien, weil es sich um Gebrauchsgegenstände handele.

„Nicht ganz", erklärt Hakenjos und freut sich, beim Tomaten schälen ein wenig dozieren zu können. Er erläutert, dass es drei Sphären gebe, in der die Keramik eine Rolle spiele: Die Dekoration, sei es in der Vitrine oder in der Architektur, in Keller und Küche, und in den außerchristlichen Religionen im Grab. Es gebe viele Museen, die sich spezialisiert haben auf regionale Keramik oder Künstlerkeramik des 20. Jh., „aber Anatolien 6.000 vor Christus bis gestern Nachmittag" und das dann aus allen Erdteilen, das gebe es nur im Hetjens. In London und Paris befänden sich tolle und qualitativ beeindruckende Einzelsammlungen, in Paris jedoch müsse man sieben verschiedene Museen besuchen, um einen solchen Überblick über Keramik zu bekommen. „Das ist kein Eigenlob, das haben schon meine Vorgänger gemacht. Der Bestand, der ist also wirklich sehr imponierend." Horst stellt fest: Der Hakenjos, der liebt seinen Job. „Ja, sehr" bestätigt der Museumschef. Mit Leidenschaft erzählt er von der Reihe „Keramik, Kunst und Küche", die er vor ein paar Jahren als Marketing-Maßnahme für das Museum „angezettelt" habe. „Auf Sponsoring-Benefiz-Basis mit wechselnden Gastronomen, aufgehängt an den 8.000 Jahren Keramik, und für jeweils 1.000 Jahre gab es einen Abend. Also acht insgesamt. Es gab pseudo-antike Küche aus einem römischen Kochbuch aus dem ersten Jahrhundert n. Chr., das einzige, was aus der Zeit erhalten ist, dann für Ostasien Thai, es gab Rheinisches. Das war ein totaler Erfolg." Hakenjos freut sich, dass die Reihe im kommenden Winter fortgesetzt wird:

Hakenjos: „Wir arbeiten gerade am Konzept, das war immer eine Verbindung von Essen und Führung. Und mit einer musikalischen oder literarischen Darbietung. Da ist zum Beispiel die Barbara Oxenfort mit Heine-Liedern aufgetreten an einem rheinischen Abend oder der Caruso aus dem gleichnamigen Restaurant mit schrillem Belcanto für das Römische."

Horst: Da war ich ja auch schon mal, den habe ich kennen gelernt. Der hat mir alles gezeigt, Küche und Lagerhäuser, und erzählt und gemacht und getan, ohne zu wissen, wer ich bin. Am nächsten Tag sollte ich für den WDR drehen, wollte Fisch machen und hatte nirgendwo einen schönen bekommen. Da habe ich ihn gefragt, ob er mir einen verkaufen könnte, und da sagte er: Wir kriegen erst heute Nacht neue Lieferung, ich weiß nicht, ob es geht. Und nachdem wir dann ausgiebig gegessen und getrunken hatten, kam er mit einer riesigen Scholle um die Ecke und sagte: Horst, hier hast du ein Viech, kannst du schön kochen. Die war so groß, die passte in keine meiner Pfannen rein, da musste ich mir eine aus Alufolie bauen, um die reinzukriegen. Der war sehr nett. Wenn ich daran denke, dann bin ich ja doch traurig, dass ich nur so wenig Freizeit habe.

Hakenjos: Seit ich Chef bin, komme ich auch nicht mehr weg. Bis vor zehn Jahren war ich jedes dritte Wochenende in Paris. Ist nicht mehr. Seit wir eine Museumsszene mit Event-Charakter haben, bin ich an drei Abenden pro Woche beschäftigt.

Horst: Riech mal die Petersilie.

Hakenjos: Es gibt eine schöne Geschichte zur marokkanischen Petersilie, das ist eine andere Sorte, die sehr aromatisch ist. Aber auch sehr ungewöhnlich. Wir im Forschungsteam haben das Aroma immer als „Kellerlochgeschmack" bezeichnet, weil das so undefinierbar stark schmeckt, so ein bisschen modrig. Und dann waren wir oft im Gebirge, drei Wochen weg von der Zivilisation, da haben wir gedacht: Schluss mit dem marokkanischen Essen, das wir unterwegs immer bekamen, und gingen in Marrakesch zum Chinesen. Das Essen war auch sehr schön chinesisch, aber leider war wieder diese Kellerlochpetersilie dran, die allen Geschmack übertönt hat. Das chinesische Essen schmeckte vollkommen marokkanisch.

Horst: In Marokko war ich auch schon zweimal. Da bin ich mit dem Motorrad durch das Atlas-Gebirge gefahren.

Hakenjos: Hör auf, ich krieg Heimweh. Wie groß soll ich denn die Zwiebeln schneiden?

Horst: Wie du sie gerne magst. Ich esse fast alles gerne grob geschnitten. Dann sieht man zum einen, was es war, und zum anderen bleibt das Gemüse schön knackig. Die ist nachher für unser Sößchen. Wie findest du denn all meine Pöttches? Ich tu das Salz ja immer wieder in andere Pöttches. Ich finde, man muss das alte Porzellan benutzen.

Zwiebeltrick von Bernd Hakenjos:

Ich salze die Zwiebeln vor und lasse sie eine halbe Stunde stehen. Das ist ein alter italienischer Mamma-Trick. Die Zwiebeln behalten die Form, aber werden weicher und milder. Das ist gut für Pasta asciutta zum Beispiel. Man muss das Salz nur beim Nachwürzen wieder abziehen.

Hakenjos: Das ist Karstadt. Was ganz Edles.

Horst: Na, mit meinen Pöttches werde ich dich wohl kaum beeindrucken können. Komm, wir machen mal das Fleisch fertig.

Hakenjos erzählt von den Anfängen des großen Paul Bocuse in Lyon, in dessen Restaurant er einmal aß. Horst ist beeindruckt und Hakenjos bewundert Horsts Spüle. Sein Kommentar: „Gelsenkirchener Barock mit Nirosta!" Horst erklärt, dass die „Stahlkappe" vom Ordnungsamt vorgeschrieben wurde, das „Kommödchen" habe er damals verwendet, weil ja kein Geld da war und erzählt weiter, dass seine Pfannen für Gemüse und Beilagen maximal vier bis fünf Wochen halten; die schweren, gusseisernen Pfannen für das Fleisch dagegen hat er seit seiner Lehrzeit. Die beiden kochen einträchtig. Ordentlich Knoblauch an die mächtigen Stücke des sattroten Straußenfilets, anbraten. Sößchen machen mit Butter, Öl, Speck, die geschälten Tomaten dazu: „Ich nehme immer die kleinen wegen der Optik", erklärt Horst. „Und anders schmecken die auch." Hakenjos findet die großen auch nicht so gut, weil man da immer das Innenleben herausnehmen muss. Butter und Öl in eine andere Pfanne für den Sellerie: „Der kriegt beim Braten einen herrlich süßlichen Geschmack." Hakenjos freut sich, dass Horst mit so viel Butter kocht.

Hakenjos: Immer wenn ich beim Arzt war und der mir was über Cholesterin erzählte, war das Ergebnis, dass ich mich zum Mittagessen auf einer Wiese anpflocken lassen kann – da leidet die Lebensqualität doch zu sehr.

Horst (lacht noch vernehmlicher als sonst): Der Spruch ist Weltklasse, den merk ich mir.

Crème fraîche in die Soßenpfanne, Oregano dazu: „Wäre es frischer, würde ich ihn vorher hineingeben, getrockneter darf hinterher dran." Der Sellerie ist fertig und wird mit Krepppapier abgetupft - das reduziert den Fettgehalt. Die beiden trinken sich zwischendurch erst mal ein lecker alkoholfreies Bier.

Horst: Das macht dich noch sympathischer, dass du Bier trinkst. Denn obwohl ich koche, verstehe ich nicht viel vom Wein.

Hakenjos: Und ich gerade ausreichend, um nicht aufzufallen.

Horst vermutet, dass diese Hakenjosche Aussage wieder ein Indiz für die ihm eigene Bescheidenheit sei. Sie probieren. Die Soße schmeckt, wie Horst befindet, gar nicht so verkehrt. Wunderbar, meint Hakenjos. In Horsts Lehrlingspfanne braten die beiden das Fleisch an – selbstverständlich in seiner selbst gemachten Kräuterbutter. Ein Koch sollte ja zumindest seine Soßen und Kräuterbutter selber machen, da sind sich die beiden einig: Thomy gilt nicht. Das Fleisch zischt in der Pfanne. Der Museums-Chef erkundigt sich, ob er mit seiner Vermutung Recht hat, dass das Fleisch gleich noch in den Backofen komme. Horst ist beeindruckt: Man merke doch, wenn jemand kochen kann. Es wird angerichtet, wie immer auf einem großen Teller. Das ging ganz schön schnell.

Hakenjos: Das ist ja hier nicht so wie bei Henriette Davidis, der Urmutter der deutschen Küche, in deren Kochbuch jedes Rezept anfängt mit den Worten: „Am Vortag nehme man...". Und wo 12 Eier, ein Pfund Butter und ein halber Liter Sahne für jedes Gericht verwendet werden. Das schönste Rezept darin, so richtig anachronistisch, ist das für Schildkrötensuppe: „Man nehme eine nicht zu alte Schildkröte, halte sie am Schwanz, warte, bis sie den Kopf herausstreckt und schneide diesen sodann mit einem scharfen Messer ab." Bei so einer Art von Essen könnte ich dann auch nicht mehr kochen.

Horst schreit auf. Darauf braucht er erst mal einen Schluck.

Horst: Guten Appetit. Und Prost: Auf eine Bekanntschaft.

Hakenjos: Das ist ja lecker. Der Sellerie – ganz köstlich. Und das Fleisch! Wunderbar. Einfache, schnelle und raffinierte Küche. Vielen Dank, zum Wohl.

Von da ab wird schweigend genossen, ein gutes Zeichen – reine Ergriffenheit, meint Bernd Hakenjos. Stimmt genau.

1999er St. Chinian „L'Ame du Terroir", Domaine La Maurerie, Frankreich
Ca. € 7,00 bei rotweiss.

Kräftig, deftig, mediterran: Wir haben unseren Lieblingswein gefunden. Viel Kräuterfrucht mit Herz aus dem heißen Süden Frankreichs schmeichelt dem Straußenfilet und lässt auch noch Raum für die Tomaten.

Vogel Strauß-Filet in Tomatensoße mit einer gebratenen Sellerie

Zutaten für 2 Personen:

400 gr. Vogel Strauß-Filet (2 große Scheiben)
8 große Champignons
250 gr. Tomaten
1/2 Gemüsezwiebel
1 Sellerieknolle
200 gr. Crème fraîche
50 gr. Würfelspeck
50 gr. Butter
50 gr. Kräuterbutter
Salz
Pfeffer
Oregano
Knoblauch (groß)
1 Bund Blattpetersilie

Für die **Soße** Tomaten blanchieren und die Haut abziehen, danach in Würfel schneiden. In einer tiefen Pfanne den Speck mit ein wenig Butter kurz anbraten (nicht so scharf, sonst wird er hart). Feingehackte Zwiebel und die Tomaten dazu geben, je nach Geschmack Knoblauch reinpressen und Crème fraîche obendrauf. Jetzt die fein geschnittene Blattpetersilie dazu und mit Salz, Pfeffer und Oregano würzen. Bei kleiner Hitze einreduzieren lassen.
Sellerie schälen und in feine Scheiben schneiden. In einer Pfanne mit etwas Butter (oder Öl) braun backen und vor dem Anrichten auf dem Küchentuch abtropfen lassen.
Jetzt das **Straußenfilet** mit Salz, Pfeffer und jede Menge Knoblauch würzen. In einer heißen Pfanne von beiden Seiten scharf anbraten, Kräuterbutter obendrauf und für ca. 5 Minuten (je nach Dicke) bei ca. 180 Grad in den Backofen. Das Fleisch sollte auf jeden Fall rosa sein.
Dazu schmeckt am besten ein dunkel gebackenes **Graubrot.**

Mischa Kuball

Mischa Kuball ist bildender Künstler, und er arbeitet mit Licht, das er in seinen Installationen mit Architektur in Verbindung und Beziehung setzt. Düsseldorfer erinnern sich vielleicht noch an seine Arbeit „Megazeichen" mit dem Mannesmann-, heute Vodafone-Hochhaus – als er in dem mehrstöckigen Gebäude die Beleuchtung nach genau festgelegten Mustern schaltete und so symmetrische Figuren hervorrief. Das war 1990. Schon damals konnte er Einzelausstellungen in zahlreichen deutschen Städten und in New York verzeichnen. Im Laufe der 90er kamen weitere Einzelausstellungen in der ganzen Welt hinzu, darunter eine mit Vilém Flusser im Haus Wittgenstein in Wien (1991), diverse in den USA, in Istanbul, Frankreich, Großbritannien und den Niederlanden. Er stellte im Sprengel-Museum, Hannover, im Essener Folkwang-Museum, beim Düsseldorfer Galeristen Konrad Fischer und im ebenfalls in Düsseldorf ansässigen Kunstverein für die Rheinlande und Westfalen aus (1994). 1998 vertrat er Deutschland bei der 24. Biennale in São Paulo, Brasilien. Zuletzt war eine seiner Arbeiten in der Düsseldorfer Johanneskirche am Martin-Luther-Platz zu sehen: In Zusammenarbeit mit dem jungen Pfarrer Thorsten Nolting und den Kirchenbesuchern gestaltete er als interaktives Projekt „Ein Fenster". Mischa Kuball ist ein echter Düsseldorfer: 1959 wurde er in der Landeshauptstadt geboren, und auch heute noch lebt er hier mit seiner Frau Michèle.

Sind Männer Schweine?

Mischa Kuball und Horst Lichter. Der Künstler und der Koch. Beide Kinder des Rheinlandes, beide fast gleich alt – kein Wunder, dass die beiden sofort miteinander klarkommen. Gespräche am Herd über Frauen, Kinder, Ehe, Familie, Stefan Raab, Harald Schmidt und natürlich – Essen und Kochen.

Kuball hat sich die Oldiethek bereits angesehen und studiert nun die zahlreichen Visiten- und Postkarten, die Bilder und Zeichnungen, mit denen die Wände im gleich der Küche angeschlossenen Speiseraum über und über behängt sind. Besonders hat es ihm eine Postkarte angetan, auf der drei junge Frauen ihre appetitlichen Hinterteile dem Betrachter entgegenstrecken.

Kuball: Ja, ich glaube, wir kommen doch recht bald zum Essen, meine Frau Michèle und ich. Auch wenn wir erst in drei Monaten einen Platz bekommen.

Horst: Wenn du im Sommer kommst, dann sind unsere Mädels noch leichter bekleidet als die, die du dir da gerade anschaust.

Kuball: Hach, ich freu mich schon. Ich bringe dann auch unsere Vermieterin und ihre Tochter mit, die gucken dich jeden Dienstag im Fernsehen.

Horst: Das freut mich aber. Nun setz dich doch erst mal.

Kuball: Du hast Recht. Im Stehen essen – das ist keine Esskultur. Deswegen mag ich auch keine Buffets.

Horst: Ich hasse Stehparties sowieso. Obwohl, wenn wir hier Buffets machen, haben wir ganz viel Platz zum Sitzen. Ich mag das auch nicht, wenn da die Leckereien so fein aufgestapelt sind. Viel schöner ist es, wenn man Schinken so auf einem Motorrädchen verteilt, und Brotsorten hat, die keiner kennt. Oder so'n richtigen Braten, so'n richtigen Ballermann, wo sich die Leute gar nicht rantrauen. Der ist dann in dem Brot drin. – Du hast dir ja für heute Reibekuchen gewünscht. Da

Mischa Kuballs Asia-Pfanne:

Diverses Saisongemüse (Broccoli, Blumenkohl, Chinakohl) ggf. grünen Paprika und Wald-(und Wiesen-) Champignons blanchieren. Danach in einer Pfanne bei mittlerer Hitze in Butter schmoren lassen. Unterdessen den Langkornreis – am besten aber Wildreis – aufsetzen und garen.
300 gr. zarte Putenbrust in dünne Streifen schneiden und kurz in einer anderen Pfanne mit Butter und Sojasoße anbraten.
Obwohl sich das Gericht Asia-Pfanne nennt, Gemüse, Reis und Putenstreifen getrennt auf dem Teller anrichten. Dazu schmeckt ein grüner Salat mit purem Essig-Öl-Dressing.

habe ich mir gedacht, Reibekuchen, lecker, gehört ja auch hier in die Gegend. Rübenkraut auch, wir sind ja hier in einer Rübenregion. Aber Reibekuchen wären mir jetzt zu einfach. Kartoffeln gibt es natürlich auf jeden Fall, die hab ich auch extra für dich geholt hier beim Bauern nebenan. Die haben ungefähr 17 Sorten Kartoffeln, die sehen aber alle gleich aus. Ich hab dann eine halbmehlig-kochende genommen, damit das Ganze auch schön kräftig ist. Die werden wir aber nachher ganz normal kochen, anschließend mit ganz vielen Zwiebelchen und Speck noch mal schön anbraten. Dann machen wir mit Rübenkraut ein leckeres Sößchen mit Frühlingszwiebeln und Creme-Champignons und natürlich ein bisschen Fleisch. Ich habe Hähnchenbrüste gekauft – ich dachte, weil wir zwei Männer sind, passen Brüste hervorragend. Die sind auch sehr zart, die sind kräftig, stramm, die werden wir leicht mehlieren, damit sie schön knusprig werden. Ich hab auch noch Babytomätchen besorgt und Radieschen; wenn wir wollen, machen wir dann noch ein bisschen Salat dazu. Was du da gleich mithilfst, das kannste dir aussuchen.

Kuball: Mmmmmmh. Ja, wunderbar. Find ich gut. Ich war ja früher mit-erziehend, und da habe ich für meinen Sohn jeden Tag gekocht. Manchmal sogar zweimal. Auf zwei Flammen, so ähnlich wie du, aber mit Elektro. Der Herd war ja zeitweise sozusagen ins Atelier integriert. Rigatoni all'arrabiata hat er gern gegessen, und Pfannkuchen mit Apfel und Zimt oder meine Asia-Pfanne mit Putenbrust-Streifen.

Beide schwelgen in Erinnerungen an ihre erste Vaterschaft und Horst weiß noch ganz genau, wie er sämtliche Notdienst-Apotheken rund um Rommerskirchen abfuhr, um Lefax-Tropfen zu besorgen, weil sein Sohn immer so Blähungen hatte. Mischa will wissen, wie alt Horst jetzt ist und beide gestehen sich die Lenze, die sie zählen: Horst ist 39 und Mischa Kuball 41. „Komm du erst mal in mein Alter", stichelt er. Horst findet inzwischen, dass Männer erst mit Mitte 30 Papa werden sollten, denn erst dann wissen sie es richtig zu schätzen und würden es viel bewusster wahrnehmen. Horst erzählt, dass er demnächst bei Stefan Raab in dessen Sendung TV Total eingeladen ist. „Wenn ich dort kochen soll, dann mache ich ihm ein schönes Brühwürstchen mit süßsaurer Senf-Sahne-Soße. Der ist ja süßsauer."

Kuball: Ach, den kriegst du schon auf's Eis. Der ist ein Metzgerssohn, ein Chauvinist. Aber auch ein Super-Promoter, so schlimm das eigentlich ist, denn mit Qualität hat das nichts zu tun. Den guckt ganz Deutschland.

Horst: Wie findest du denn den Harald Schmidt?

Kuball: Na ja, jemand kommt rein, und dann wird der einfach super verarscht. Ich frage mich, warum gehen hochkarätige Frauen alle mit Goldstaub auf dem Dekolleté in die Sendung? Warum haben die alle einen zu kurzen Rock an, zu hohe Schuhe, dass sie kaum laufen können, die blamieren sich. Das ist mir einfach nicht erklärlich. Man sagt denen einfach, pass auf, du machst jetzt den und den Job oder du schreibst jetzt dieses Buch, und dann müssen die dahin. Gut für den Verkauf des Buches, schlecht für den Autor, und wenn es eine Autorin ist, noch schlimmer.

Horst: Ich hatte große Vorurteile gegen Harald Schmidt, mochte seine Sendung anfangs überhaupt nicht. Ich mag einfach nicht diesen Humor, der auf Dritten lastet, die irgendeinen Makel haben. Wenn es jemand ist, der arrogant ist, der vor Schönheit glänzt, und den man wieder auf die Tatsachen runterholt, ist das okay. Aber nicht, wenn das so ein armer Deubel ist. Sag mal, kriegst du nicht langsam Hunger? Wenn du möchtest, können wir anfangen. Ich denk mir, du brauchst eine Schürze?

Kuball: Nee, lieber ein einfaches Küchenhandtuch. Ich liebe Handtücher.

Horst: Ich würde dir ja auch eine Jacke von mir geben.

Kuball: Och, das ist doch so ganz schön, du ganz in Weiß, und ich im schwarzen Mao-Look. Sollen wir mal Kartoffeln schälen?

Horst: Kartöffelchen hab ich schon geschält, ich dachte, ich überlass die Zwiebeln dir. Möchtest du ein gelbes oder ein rotes Handtuch haben?

Kuball: Rot. Wegen meines spanischen Temperaments.

Horst: Dann komm mal mit in meine High-Tech-Küche. Du siehst, mein Eon ist schwarz. (Horst schaufelt aus seiner Truhe einen Haufen schwarzer Kohle, mit denen er den Herd feuert). Die Kohlen mache ich auch eigenhändig kaputt, damit sie besser brennen. Meine zweite Frau hat gehört, ich hätte eine Kiste voll Kohlen, und deswegen hat sie mich wohl geheiratet. Das hat mich dann eine Kiste Kohlen gekostet. Du siehst, ich arbeite auch ausschließlich mit uralten Materialien. Als ich anfing, habe ich halt mit dem losgelegt, was ich hatte, und dabei ist es dann geblieben. So'n ganz tolles teures Kochset habe ich nie gehabt. Und heute will ich es gar nicht mehr. Ich

arbeite sowieso nur mit der Pfanne, es gibt auch fast nur Gerichte aus der Pfanne. Das spart Zeit. Die haben Hausfrauen nicht und ich abends auch nicht.

Kuball: Tust du kein Salz an die Kartoffeln?

Horst: Nee, ich koch die Kartoffeln ohne Salz. Ich schwenke sie zum Schluss in Butter, und erst dann kommt eine Prise drauf. Das ist viel leckerer.

Wie alle Gäste vor ihm kann auch Mischa Kuball nicht begreifen, wie Horst mit dieser Küche 70 Gäste bewirtet. Horst erzählt auch ihm genauestens, wie das funktioniert. Zeit müssten seine Gäste in jedem Fall mitbringen, und gegen den ersten Hunger gebe es Brot und Butter, und auch die Vorspeise komme recht schnell auf den Tisch.

Horst: Guck mal, das ist unser Brüstchen.

Kuball: Wow, sieht gut aus. Und wo kaufst du das alles ein?

Horst: Bis auf den Fisch und einige Fleischsorten sind alle Zutaten hier vom Niederrhein.

Straußenfleisch kaufe ich nur, wenn es aus Afrika kommt. Ich verwende auch nur Wildlachs – Magst du Tomaten schneiden? Schau mal hier, das Pöppelchen muss raus. Und die Frühlingszwiebeln müssen geschnitten werden. Die haben keinen Popo, die haben ein Köpfchen mit Haaren, das muss ab. Und das Mäntelchen musst du denen auch abziehen.

Mischa Kuball legt los mit der Gemüseschnippelei und seufzt: „Meine arme Frau sitzt zu Hause und isst wahrscheinlich ein Butterbrot. Männer sind doch echt Schweine".

Horst: Deswegen können sie auch kein BSE kriegen. Du kannst ihr ja ein Doggy Bag mitnehmen. Ich mach inzwischen schon mal die Radieschen.

Kuball: Wäscht du das Gemüse nicht, bevor du es schneidest?

Horst: Nein, immer erst hinterher, damit der Dreck auch da wegkommt, wo er weg soll. Da sagen die Leute immer, man wäscht die Vitamine raus, aber dann hätte das Gemüse ja nach jedem Regen keine Vitamine mehr. Wie machst du denn eine Salatsoße?

Kuball: Also, das kommt auf den Salat an. Wenn er es verträgt, dass die Soße einzieht, dann mixe ich alles zusammen, ansonsten mag ich es lieber separat.

Horst: Also wir machen jetzt mal eine Soße aus Sahnemeerrettich, Senf, Honig, Olivenöl, und Balsamico-Essig, da steh ich ja drauf, und Knoblauch natürlich. Da war ich ganz raffiniert und habe den gestern schon von meinen Mädels schneiden lassen. Ich bin übrigens für einfache Zutaten, die man überall kaufen kann. Was nutzt das, wenn man teure Zutaten im Feinkostladen kauft, und dann Sachen für 400 Mark herumstehen hat, die man kaum noch braucht. Ich mag's halt ursprünglich. Es wird immer komplizierter zu kochen, wenn du so viele und ausgefallene Zutaten hast. Daraus etwas Hochwertiges zu machen, das ist ja die Kunst der Sterneköche. Meine persönliche Meinung ist, dass eine Kartoffelsuppe auch nach Kartoffelsuppe schmecken soll. Kochst du nach Rezept?

Kuball: Damit habe ich gute Erfahrungen gemacht.

Horst: Ich sehe so ein Rezept immer nur als Vorschlag. Probier mal die Soße.

Mischa Kuball probiert. Für seinen Geschmack ist etwas zu viel Essig an der Soße.

Horst: Das ist kein Problem, da kommen ja gleich die Tomätchen rein, die saugen das auf.

Kuball: Müssen wir die Kartoffeln nicht runternehmen? Die sind doch schon sehr lange auf dem Herd.

Horst: Du hast Recht, die sind gut. Wir nehmen in diesem Fall ein Sieb zum Abschütten. Da wir die Kartoffeln gleich noch in Butter schwenken, dürfen sie nicht so viel Feuchtigkeit haben. Das Sieb hole ich hier aus dem Kämmerchen.

Kuball: Ooooh, Einblicke in den Backstage-Bereich.

Horst (lacht): Ja, hier ist abends meine Küchenbrigade versteckt, die das eigentlich alles kocht.

Kuball: Und die Bofrost-Mitarbeiter?

Horst: Ja genau. (Zieht die Herdplatte ab, offenes Feuer flammt auf.) Jetzt stellen wir den Ofen auf Zehn und machen die Hähnchenbrüste klar. Die Pfanne kommt schon vorher drauf, damit sie schön heiß wird. Würzen tun wir mit meiner Spezial-Gewürzmischung: Salz, Pfeffer, Rosenpaprika. So, jetzt ist schon fast alles fertig, denn die Brüste gehen ganz schnell. Einen Hauch Mehl drauf – mehlieren nenn ich das – Anbraten für die Kruste, dann Butter oder Kräuterbutter drauf und in den Ofen.

Kuball: Au weia, so viel Butter!

Horst: Die Butter ist für den Geschmack, keine Angst, die musst du ja nachher nicht essen.

Kuball: Wenn ich Fleisch oder ein Steak mache, dann mach ich das mit Alufolie, erst rosa braten, dann einpacken. Das geht prima.

Horst: Du musst mal hier ein Steak essen. Noch die Kartoffeln in Zwiebeln, Butter und Speck schwenken, dann haben wir es gleich. Noch ein bisschen Salz drauf. Probier jetzt mal unser Sößchen. Lecker?

Kuball: Mmmmh, super!

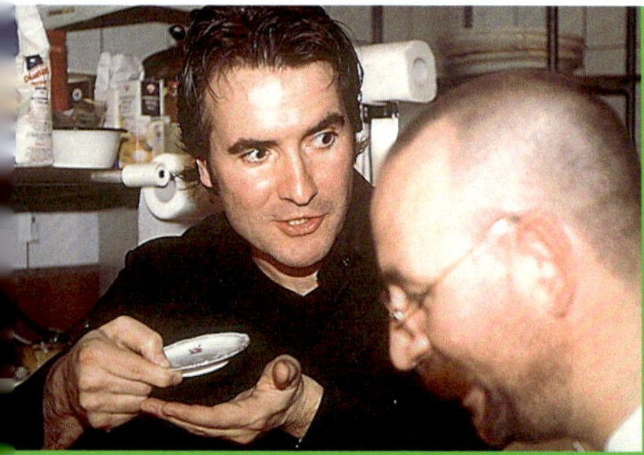

Wie Horst Soßen probiert:

Da habe ich einen Trick. Ich nehme ein Tellerchen, eine Untertasse oder Ähnliches, die ich dann in die Sauce hineintunke. Da ist die Soße dann direkt kühl genug zum Probieren.

Horst: Wenn unser Hähnchen fertig ist, können wir essen. Noch ein bisschen Wirsing für die Deko. Wir servieren das immer in der Pfanne.

Kuball: Sieht gut aus.

Horst: Also, die meisten Leute sagen jetzt, wie kann das schmecken, eine Soße mit Rübenkraut, Äpfeln, Zwiebeln und Champignons? Kann man das essen?

Kuball: Man kann. Schmeckt sogar sehr gut.

Horst: Ich halte eben nichts von diesen Regeln in der höheren Gastronomie, zum Beispiel, dass man immer nur Wein trinken muss. Erlaubt ist, was gefällt. Wenn jemand Cola dazu trinken will, soll er Cola trinken. Ich trink jetzt ein Bier dazu, und du?

Kuball: Ich auch. Ich brauch kein Glas.

Horst: Also zum Wohl und guten Appetit.

Hähnchen-Brust mit feinem Salat

Zutaten für 4 Personen:

4 Hähnchen-Brüste
1 Boskop-Apfel
1 Bund Schnittlauch
150 gr. Crème fraîche
1 Gemüsezwiebel
1 Bund Frühlingszwiebeln
1 EL Kräuterbutter
100 gr. Butter
500 gr. Kartoffel
50 gr. gewürfelter Speck

500 gr. Cherry-Tomaten
1 Bund Radieschen
1 TL süßer Senf, 1 Tl Honig
1 TL Sahnemeerrettich
2 Knoblauch-Zehen
4 große Creme-Champignons
Rübenkraut, Salz, Pfeffer,
Rosenpaprika, Zucker, Mehl, Olivenöl,
Balsamico-Essig
evtl. Wirsingblätter für die Dekoration

Als erstes die **Kartoffeln** schälen und kochen. Für die **Soße** Frühlingszwiebeln in feine Streifen schneiden und in Kräuterbutter andünsten.
Die grob geschnittenen Creme-Champignons und den entkernten, aber nicht geschälten Boskop-Apfel dazu geben und mit 2 bis 3 TL Rübenkraut und Crème fraîche bei ganz kleiner Hitze köcheln lassen. Vor dem Servieren vielleicht noch mit einer Prise Salz abschmecken.
Die **Hähnchenbrüste** mit Salz, Pfeffer und Rosenpaprika würzen, mit Mehl bestäuben und in der Pfanne scharf anbraten. Danach mit Butter bedecken und im Backofen bei ca. 180 bis 200 Grad 10 Minuten garen lassen.
Speckwürfel und die in sehr große Stücke geschnittene Gemüsezwiebel in der Ölpfanne anbraten und die gekochten Kartoffeln dazu geben. Würzen nach Geschmack.
Mit Öl, Essig, Salz, Pfeffer, Zucker, Senf, Sahnemeerrettich, 1 Tl Honig, 2 Knoblauchzehen und einem Bund Schnittlauch die Salatsoße zubereiten und die halbierten Cherry-Tomätchen sowie die in feine Scheiben geschnittenen Radieschen darunter heben.

wein für alle!
rotweiss

1997er Donatus K , Weingut Kurt Angerer, Kamptal, Österreich
Ca. € 13,00 bei rotweiss.

Zu dem mächtigen Gericht mit hellem Fleisch passt am besten dieser kräftige, im Barrique ausgebaute Weissburgunder. Power to the Bauer! Aromen von Äpfeln und Marzipan finden sich am Gaumen wieder.

Monika Voss

Monika Voss, eine waschechte Düsseldorferin, ist Grundschullehrerin. Nebenbei unterrichtet die energische und immerzu fröhlich lachende Person an der Hans-Müller-Schlösser-Akademie, einer „Scholl für Düsseldorfer Platt" und leitet die Kinder-Mundartgruppe „Power Pänz". Bekannt ist sie auch als Autorin von Büchern wie „Düsseldorwer Dönekes zum Schmökere on Schmonzele" und „Onger ons jesaht". Ihr jüngster Coup: Die Übersetzung des Asterix-Bandes „Dat Köschemetz us Jold".
Dass sie auch privat gern Platt spricht, wird während ihres Besuches bei Horst mehr als deutlich. Monika Voss, Jahrgang 1942, ist verheiratet und hat einen Sohn.

Jecke Sößkes, Räkelieser und Kawenzmänner

Es ist ein weit verbreitetes Gerücht, dass man fremde Dialekte und Sprachen schnell erlernt, wenn man heiße Kartoffeln in den Mund nimmt. Monika Voss bekam von Horst Lichter allerdings mit riesigen Gambas gefüllte Pfannekuchen aufgetischt. Fast ihrem Wunsch entsprechend: Crêpes gefüllt mit Lauch und Shrimps hatte sie sich von ihm gewünscht, die mag sie nämlich besonders gern.

Aber bevor es ans Kochen geht, führt Horst seinen Gast wie alle anderen auch erst mal durch seine Oldiethek. Erstaunte Faszination ihrerseits. Ihr Blick bleibt vor allem an einer Büste hängen, die ein junges Mädchen aus Rommerskirchen anfertigte und die Horsts Konterfei mit den unerlässlichen und unübersehbaren Attributen zeigt: „Dä Schnäuzer und dä Brill, das sind ja meine Markenzeichen", erklärt Horst. Monika Voss wiederholt in seinem Tonfall „dä Brill"; das ist die typisch rheinische Ausdrucksweise, mit der sie sich so gern beschäftigt. Spontan setzt sie sich an ein altes, verstimmtes Klavier, das irgendwo in Horsts Sammelsurium in einer Ecke steht, und spielt: „Lebe wohl, mein flandrisch Mädchen" aus „Zar und Zimmermann". „Das ist das einzige Stück, das ich noch auswendig spielen kann", bekennt sie. Und schaut sich weiter um:

Voss: Wo hast du denn den schönen alten Mixer her?

Horst: Den hat mir mal so ein richtiger Weintrinker mitgebracht, so einer, der die ganz Teuren trinkt. Den habe ich gefragt, wo er denn meine Adresse her habe. Und da hat er gesagt, dass er mal in der ‚Traube' gegessen habe und mit einem Pärchen am Nachbartisch ins Gespräch gekommen sei. Da habe man sich so gefragt, wo man denn sonst noch essen könne, und da haben die ihm meine Adresse genannt. Das fand ich so faszinierend, dass in einem Zwei-Sterne-Restaurant, beim guten Herrn Kaufmann, die Adresse meiner Scheune kursiert.

Zurück in der Küche, kriegt auch Monika Voss all die gesammelten „Pöttches und Kännches" gezeigt und verliebt sich prompt in einen alten Heringstopf. Sie bekommt eine Schürze, ein Messer, ein Küchentuch und los geht's.

Horst: Wenn du möchtest, kannst du schon mal anfangen mit den Radieschen, den Gemüsen und den Tomätchen, das wir die schon mal vorbereiten, die sind auch noch nicht gewaschen. Dann müssen wir die Weintrauben abzupfen. Die sind übrigens ohne Kerne, damit wir die nachher nicht in der Soße haben. In einem meiner Kännchen habe ich auch Weißwein, denn wir zaubern eine richtige Wein-Trauben-Soße. Das Salatsößchen machen wir nachher zusammen fertig, den Pfannkuchenteig auch, und die Gambas würde ich gerne selber schnibbeln, da zeige ich dir aber, wie ich das mache. Wir können das Rezept aber noch jederzeit so verändern, wie du es gerne hättest.

Monika Voss schneidet Radieschen weisungsgerecht in Scheibchen. Währenddessen macht sich Horst an die herrlichen Gambas, riesige, imposante Exemplare, die schon beim Anblick das Wasser im Mund zusammenlaufen lassen: „Komm, ich zeig dir mal, wie ich die Gambas aufschneide. Hier am Rücken nämlich. Denen schneide ich sozusagen das Jäckchen auf.“ Mundartgeschult greift Monika Voss das Wort „Jäckchen“ auf, führt das Wortspiel weiter: Ein „Mäntelchen“, ein „Paletötchen“ wird so daraus. Die napoleonische Zeit hat offenbar auch im Düsseldorfer Platt Spuren hinterlassen.

Ich beziehe die Riesengambas von Peters & Fischer, Köln (Tel. 0221/17 26 64). Sie sind aber, da sie in philippinischen Gewässern frei aufwachsen und hier auch nicht das ganze Jahr über erhältlich sind, sehr teuer. Wenn man sie mit Schale brät, sollte man sie im Rückenbereich, also dort, wo sich der Darm befindet, einschneiden und gut auswaschen. Wenn sie eine schöne einheitliche Farbe haben und sich zusammenziehen, dann sind sie spitzenmäßig. Wie lange das dauert, kommt sehr auf die Temperatur an. Mein Ofen ist ja immer heißer als Eure zu Hause, daher kann man das nicht sagen. Ich esse sie am liebsten in Olivenöl mit viel frischem Knoblauch und Ingwer gebraten. Auch ein Cocktail-Dressing ist sehr lecker dazu. Will man die Gambas für eine Fischsuppe verwenden, sollte man sie vorher von Kopf und Panzer trennen.

Horst: Du weißt, warum wir denen das Jäckchen ausziehen, nicht, damit sie sich erkälten...

Voss: ...sondern, um den Darm rauszunehmen. Ich würde ja auch mal so gern solche großen Gambas kaufen. Sind die tiefgefroren oder kommen die aus deiner Erft hier?

Horst: Die kommen hier aus unserem Gilbach. Seitdem da das Kernkraftwerk Wasser einfließen lässt... Nee, die hole ich in Köln. Ich kauf ja nur im Umland ein, in

Düsseldorf, in Köln, in Rommerskirchen, in Grevenbroich, Dormagen, Neuss. Aber ich besorge so viel wie möglich direkt hier, weil ich ja auch von hier komme, und die sollen alle von mir leben. Die Köpfches schmeißen wir nicht weg, die brauche ich dann wieder für einen Fischfond.

Horst: Die Gambas werde ich schon mal fertig vorbraten, dann kommen sie in die Soße und werden anschließend in die Pfannkuchen eingewickelt.

Horst bereitet die Soße mit den Weintrauben zu, Monika Voss schneidet weiter Radieschen.

Horst: Guck mal, die schneidet sogar mit dem großen Messer. Die meisten Frauen schneiden ja alles mit den winzigen, kleinen Küchenmesserchen. Aber alles!

Voss: Dat Pitterken. Kennst du den Ausdruck hier auch? So hat meine Oma dazu gesagt. Schneidest du die Radieschen aus der Hand? Das hat nämlich Oma auch immer gemacht. Sie hat sich sogar das Brot vor die Brust gehalten und daran runter geschnitten.

Horst: Mein Opa hat immer das Ei mit dem Messer geköpft und das dann auch mit dem Messer gegessen, nicht mit dem Löffel. Der hat die stumpfe Seite genommen und konnte das Ei damit so richtig schön ausschälen. Dann hab ich mir das mal abgeguckt, aber das ist nicht sehr ästhetisch.

Monika Voss erzählt, dass sie wie ihre Oma die Zwiebeln direkt aus der Hand schneidet, da es ihr viel zu umständlich ist, dafür extra noch ein Schneidbrett zu benutzen. Ihr Mann, so sagt sie, „kriegt immer zu viel, wenn er das sieht". Aber noch sind alle Finger dran an ihren Händen. Keine Unfälle beim weiteren Zucchini- und Aubergine schneiden. Horst bastelt am Sößchen und fragt seine Koch-Partnerin, wie man Mundart-Autorin wird.

Voss: Ich bin ja eigentlich Lehrerin, Grundschullehrerin. Ungefähr vor zehn Jahren habe ich damit begonnen, mich mit Mundart zu beschäftigen. Es fehlten uns Texte. Weihnachtsgedichte beispielsweise, anhand derer man Mundart anschaulich unterrichten kann, alles, was da schon vorlag, war total verstaubt und uralt. Das wollte ich mit den Kindern nicht machen. Und deshalb habe ich neue Texte geschrieben. So fing das an. Und dann habe ich irgendwann eine Kolumne in der Rheinischen Post bekommen. Darin könnte ich ja mal über dich schreiben. Beim Lichter's Horst oder so.

Horst: Ich kann das ja nicht gut lesen, so Mundartliches.

Voss: Man muss das über's Ohr lernen, jede andere Sprache lernt man ja auch besser über's Ohr. Den Kindern lese ich auch alles mehrfach vor, bevor ich ihnen so einen Text gebe, und sie sprechen mir nach. Dann haben sie's im Ohr. Das ist wie ein richtiger Sprachkurs. Ich hab das Platt ja noch von meiner Oma, die kam aus

Monika Voss' Erläuterung zu rösech

Das Wort lässt sich nicht übersetzen und hat unterschiedliche Bedeutungen: Ene rösije Pänz ist ein unbändiges, ausgelassenes Kind. „Wat häste e rösech Frisürke!" meinte meine Oma aus Kieschwäth immer, wenn man morgens mit strubbeligen Haaren aufstand. Und wenn ich mir unseren Horst hier ansehe, kann ich nur sagen: „Wat hätte för ene rösije Schnäuz!"

Kaiserswerth, aus Kieschwäth. Die sagte immer, wenn ein Messer stumpf war: Op däm Metz kannste bis nach Kölle riede. Oder, wenn einer groß war, so um die Einsneunzig: dat es äwer 'ne lange Schlachdubbel. Aber Mundart ist etwas ganz Tolles. Platt drückt ja vieles wesentlich bildhafter und treffender aus, „als das Gestammel eines sogenannten Gebildeten". Zitat Müller-Schlösser. Zum Beispiel das Wort „rösech".

Horst erklärt, wie er die Gambas anbrät: In Kräuterbutter, natürlich hausgemacht, mit „jeder Menge Knobi". Und mit Ingwer, der in seiner Küche stets die Gambas begleitet. Monika Voss fragt den Meister, warum er kein Olivenöl verwende, das doch viel gesünder sein soll.

Horst: Wenn ich Fleisch brate, nehme ich ganz normales, preiswertes Speiseöl, weil den Geschmack, das schwöre ich bei Gott, würde niemals irgendein menschliches Wesen rausschmecken. Bei Fisch oder bei Gemüsen nehme ich Olivenöl, oder Olivenöl und Kräuterbutter. Heute nehme ich nur Kräuterbutter, denn hier kommt jetzt unser Gemüse mit hinein. Mann, das hast du ja schon alles fertig, du bist ja richtig schnell!

Monika Voss begutachtet noch mal das sich langsam in der Pfanne rosa färbende Meeresgetier und stellt fest: „Mann, dat sin ja Kawenzmänner". Den Ausdruck kennt Horst auch. Er wendet sich wieder seinem Sößchen zu und gießt seinen berühmt-berüchtigten „Chateaujedönsratswein" hinein: „Das gibt ein schönes, jeckes Sößchen." Monika Voss will wissen, ob er sein Sößchen jeck nennt, weil da Alkohol drin ist. „Nee", sagt Horst, „meine Sößchen sind immer jeck." Jeck, das ist eben einer seiner Lieblingsausdrücke. Das Sößchen soll aber nicht nur jeck, sondern auch kräftig sein. Daher kommt noch Würziges hinzu:

Horst: Ich koche unheimlich gern mit Meerrettich- und Senfsahne. Ich hab auch hier wieder einen bestimmten Senf, heute mal mit Apfelwein. Sehr lecker. Dann kommt hier noch ein Löffelchen Sahnemeerrettich dran, denn den brauchen wir gleich auch noch für die Salatsoße. So ziehen sich verschiedene Geschmäcker durch's Essen durch. Du hast verschiedene Zutaten, aber einige tauchen geschmacklich wieder auf.

Monika Voss vermutet richtig, dass Horst den Sahnemeerrettich zuvor mit frischer Sahne und eigenhändig geschlagen hat. Dann presst er eine Zitro-

ne aus wie einst der Seewolf die Kartoffel und stellt Monika Voss die alles entscheidende Frage: Was darf nie fehlen an einer anständigen Lichter'schen Soße? Ein ordentlicher Schuss Sahne natürlich. Jetzt machen sich die beiden an die Salatsoße, an die auch eine Prise Zucker kommt.

Voss: Eine Freundin von mir, die mit einem italienischen Koch verheiratet ist, gibt das Olivenöl immer erst ganz zum Schluss hinein. Sie schlägt die Soße dann mit einem Schneebesen wie jeck und doll und tröpfelt dabei nach und nach das Olivenöl hinein. Das wird dann so schön sämig.

Horst: Jetzt probieren wir mal, ob die Soße schon schmeckt, und dann tun wir die Radieschen rein, die können vorher schon ziehen. Die Tomätchen allerdings, die tun wir erst ganz zum Schluss rein, sonst werden die zu matschig. Wie wär's, möchtest du schon mal einen Pfannkuchenteig machen. Kannst du den so aus der Hand?

Voss: Na ja, ich produziere dabei immer Knubbel. Nicht schreien, aber da brauche ich Instant-Mehl, damit es keine Knubbel gibt. Nimmst du auch Instant-Mehl?

Horst zieht eine Packung hervor und grinst. Darauf steht: Instant-Mehl. Beide lachen laut und herzlich, und Horst lästert, dass man sich schon ziemlich anstrengen muss, um damit noch Klümpchen in den Teig zu kriegen. Die Reihenfolge, in der die Zutaten in den Teig kommen, wird noch einmal festgehalten: Eier, Mehl, und dann die Milch, sagt der Chef. Horst zeigt Monika Voss sein schönes Mise en Place, den alten Waschtisch. Sie ist begeistert. In einer der beiden Schüsseln rührt Horst mit einem riesenhaften Schneebesen, um den Monika Voss ihn beneidet, routiniert und rhythmisch den Pfannkuchenteig an, in den die Gambas später eingewickelt werden.

Pfannekuchen in der Pfanne wenden

Man muss die Pfanne erst nach vorne ziehen, und dann nach hinten weg, man muss dem Pfannekuchen praktisch die Pfanne drunter wegziehen. Durch den Schwung dreht er sich. Das ist alles.

Horst: Da krieg ich ja immer die Krise, wenn ich die Leute sehe mit so kleinen Schneebesen. Erst mal strengt das ja vielmehr an, du brauchst viel länger, und mit so 'nem großen Apparat kannst du richtig schön und gleichmäßig rühren.

Voss: Es gibt ja auch Schneebesen, da ist vorne so ein kleines Kügelchen drin. Damit soll man Sahne besser schlagen können als elektrisch. Hab ich neulich in „Essen und Trinken" gelesen. Wenn man Sahne mit der Hand schlägt, soll sie angeblich luftiger, leichter werden.

Horst: Leuchtet eigentlich sogar ein. Wenn du mal bedenkst, mit der Hand macht man viel grobere Bewegungen, dadurch werden die Luftbläschen größer. Mit der Maschine machst du kleinere Bläschen, und da wird die Sahne fester. Ich schlage Sahne nicht von Hand. Das einzige, was ich von Hand schlage, das ist die Mousse au Chocolat. Ich finde, bei einer guten Mousse muss man vorher ein paar Stunden gelitten haben, damit sie auch nachher richtig schmeckt.

Süßer Pfannkuchen für 4 Personen

Zutaten:

400 gr. Himbeeren
Ca. 100 gr. Instant-Mehl
Ca. 1/4 Liter Milch
3 Eier
Zimt
Zucker

Zubereitung:

Die Eigelbe vom Eiklar trennen und kalt stellen. Eigelb mit Mehl zu einer festen Masse verrühren und mit Milch wieder sämig rühren. Das gut gekühlte Eiklar zu Einschnee schlagen und vorsichtig unter den Teig heben. Eine Prise Salz schadet nie! Den Teig in eine heiße Ölpfanne gießen, danach das Obst darauf legen und im Backofen bei ca. 200 Grad schon braun backen. (Der Teig kommt durch das Eiklar schön hoch.) Vor dem Servieren mit Zimt und Zucker bestreuen. Sehr lecker dazu ist ein Bällchen Vanille-Eis mit Eierlikör.

Voss: Gibst du eine Prise Salz an deinen Pfannkuchenteig?

Horst: Normalerweise ja, aber hier jetzt nicht, weil da nachher noch so viel Salz reinkommt. Was ich manchmal dran tu, sind die unterschiedlichsten Zwiebeln, zum Beispiel als Beilage, mit Porree, Tomaten und Brie überbacken. Superlecker! Oder aber ich nehm den Teig dann auch für süße Sachen. Wenn ich karamelisierte Früchte mache und dann einen Pfannkuchen dazu. Dafür tue ich dann aber auch an alle möglichen Sachen Zucker, die eigentlich so richtig kräftig sind. So, jetzt kommt das Oil of Olaz. Moment, erst mal das Sößchen! Jetzt kommt noch was ganz Außergewöhnliches in unser Sößchen, wo wahrscheinlich jeder sagt: Na, ob das schmeckt. Leberpastete! Hach, die riech ich so jerne! Mmmh!

Monika Voss kommt langsam ins Schwitzen. So schön warm sei es hier, dass Gäste, die Tisch Eins reserviert haben, immer in rückenfreien Kleidern kommen können. Horst witzelt, er könne ja mal Zuschüsse bei der Krankenkasse beantragen, vielleicht sei Tisch Eins ja heilsam bei Rückenschmerzen und Rheuma. Noch einmal stochert er ordentlich den Ofen an. Monika Voss erzählt, dass es für diese Stocherstange ein schönes altes Mundartwort gibt, das heute keiner mehr kennt: „Räkelieser" sage man in Rheinischen dazu: Ieser ist das Eisen, und Räkeln steht für Stochern. Horst kennt diesen Ausdruck. Er möchte wissen, wie man das schreibt, und Monika Voss erklärt, dass es für die Düsseldorfer Mundart keine Regeln gebe, für das Kölsche Platt allerdings schon. Beide probieren die Soße. Mmmmh, macht Monika Voss. Scharf, findet Horst, aber irgendwie fehle noch der letzte Schliff. Ein wenig Salz könne da helfen. Monika Voss fragt, wie es denn mit einem Schüsschen Sherry wäre. Horst lacht und lallt, einen Betrunkenen mimend: „In eine Weißweinsoße noch einen Schluck Sherry mit rein. Das könnte sehr interessant werden. Probier noch mal. Ist heftig scharf. Da tun wir noch ein Schlückchen Weißwein rein. Und jetzt die Gambas: Die drehen wir noch einmal rum in dem Sößchen. Ich hab gehört, du isst gern Parmesan-Käse?

Voss: Ja, aber nicht hierzu. Obwohl, beim Italiener bekommen die immer die Krise, weil ich auch zu Pasta mit Meeresfrüchten Parmesan esse.

Horst: Also, ich hab jetzt hier keinen Parmesan dran. Und ich denke, man darf zusammen essen, was einem schmeckt. Oder? Ich finde, diese Regeln, man darf nur das zu dem essen oder das schmeckt nur, wenn das dabei ist, das ist alles Quatsch. Ich weiß, was noch fehlt. So'n bisschen – Saaaahne vielleicht.

Voss: Ein Tröpfchen, besser jesath: e Dröppke!

Ein Tropfen, bestätigt Horst, fügt aber grinsend einen kräftigen Schuss hinzu und wiederholt: Ein ganz kleines Tröpfchen.

Voss: Ja, esset denn.

Horst demonstriert, wie man Pfannkuchen backt und in der Luft wendet. Monika Voss gibt zu bedenken, dass da die rückenfreien Damen an Tisch Eins aber aufpassen müssen. Sie selbst wagt es nicht, einen Pfannkuchen in die Luft zu werfen: „Nachher habe ich den um den Hals hängen". So ein Pfannkuchen am Dekolleté könne aber auch ganz schnuckelig aussehen, meint Horst und mahnt zum Endspurt. Koch und Co-Köchin wickeln die Gambas in die Pfannekuchen und richten eine große Platte an. Dann wird mit Genuss geschmaust und getrunken.

wein für alle!
rotweiss

2000er Domaine du Tariquet,
Colombard-Ugni Blanc, Vin de Pays des Côtes de Gascogne, Domaines Grassa, Frankreich
Ca. € 4,00 bei rotweiss.

So eine delikate Speise verlangt einen erfrischenden Wein mit Frucht und Finesse. Der Domaine du Tariquet ist wie dafür geschaffen.

Für den **Pfannekuchenteig** 3 Eier aufschlagen und mit Instant Mehl und Milch leicht flüssig rühren.
Zucchini und Aubergine in große Würfel schneiden und in ca. 25 gr. Kräuterbutter andünsten. Weintrauben dazu, mit Weißwein auffüllen und ca. 10 Minuten köcheln lassen. Mit Knoblauch, Salz, Pfeffer und etwas Zucker nachwürzen.
Gambas mit Ingwer und Knoblauch würzen und in Olivenöl und der verbleibenden Kräuterbutter braten bis sie schön rot sind. Danach aus der Pfanne nehmen, in den Sud 1 TL Sahnemeerrettich und Senf geben, mit Sahne auffüllen und einreduzieren lassen. Anschließend die geschälten Gambas wieder in die Soße geben und ziehen lassen.
Für die **Salatsoße** Olivenöl, Balsamico-Essig, 2 TL Sahnemeerrettich, 2 TL Senf, Salz und Zucker vermengen und kurz vor dem Servieren über die in feine Scheiben geschnittenen Radieschen und geviertelten Cherry-Tomätchen gießen.
Die Pfannekuchen dünn backen und mit den Gambas und der Soße füllen.

Gefüllter Pfannekuchen mit Riesen-Gambas

Zutaten für 4 Personen:

4 Riesen-Gambas oder 8 kleinere
3 Eier
1 Bund Radieschen
200 gr. Cherry-Tomaten
2 Zucchini
1 Aubergine
250 gr. kernlose Weintrauben
1/4 Liter Weißwein
250 gr. Sahne
50 gr. Kräuterbutter
3 TL Sahnemeerrettich
Mehl, Milch, süßer Senf mit Apfelwein und Walnüssen,
Ingwer, Balsamico-Essig, Olivenöl
Knoblauch, Salz, Pfeffer, Zucker

Bärbel Höhn

Es waren ganz konkrete Probleme, die Bärbel Höhns Familie betrafen und so ihr politisches Engagement auslösten: Als sie mit ihrem Mann und ihren zwei Söhnen von Schleswig-Holstein ins Ruhrgebiet zog, gab es erstens zu wenig Kindergartenplätze und zweitens erkrankte einer der Söhne aufgrund der schlechten Luft. Sie gründete eine Bürgerinitiative, die den Bau eines Kindergartens erreichte, und organisierte den Widerstand gegen eine geplante Sondermüllverbrennungsanlage. Über die Bunte Liste kam sie 1984 in den Sozialausschuss des Stadtrats und wurde 1985 Ratsmitglied. Und dann ging alles schnell: Seit 1985 Mitglied bei den Grünen, 1990 Spitzenkandidatin bei den Landtagswahlen, Einzug in den Landtag und Wahl zur Fraktionssprecherin. Ihre „Spezialitäten": Abfallpolitik, ökologischer und sozialer Umbau der Wirtschaft, Frauen-, Medien- und Kommunalpolitik. Fünf Jahre später übernimmt sie im Rahmen der Rot-Grünen Koalition das Ministerium für Umwelt, Raumordnung und Landwirtschaft. An den Auseinandersetzungen mit Koalitionspartner und Ministerpräsident Wolfgang Clement – vor allem wegen Garzweiler II – drohte die Koalition immer wieder zu scheitern. In der Konsequenz verliert sie bei den Koalitionsverhandlungen 2000 nach zähem Ringen die Zuständigkeit für Landesplanung und Raumordnung und erhält statt dessen die Gesamtzuständigkeit für den Verbraucherschutz, die Zuständigkeit für die Eine-Welt-Politik, für „Umwelt und Gesundheit" und für den Agenda21-Prozess NRW. Ihr Amt heißt nun: Ministerin für Umwelt und Naturschutz, Landwirtschaft und Verbraucherschutz. Spätestens seit der großen BSE-Krise zu Beginn 2001 erlangte Höhn bundesweite Popularität. Trotz heftigen Widerstandes der Bauern setzt sie sich nach wie vor geduldig für den Umbau der Landwirtschaft weg vom Massenbetrieb hin zu regionaler, familiärer und ökologischer Erzeugung ein, was ihr nicht erst seit den Seuchenskandalen viel Sympathie bei den Bürgern NRWs einbringt. Und die Landwirtschaft hat die 1952 in Flensburg geborene Dipl.-Mathematikerin (die seit 1978 bis zu ihrer Landtagstätigkeit als wissenschaftliche Mitarbeiterin an der Uni Duisburg arbeitete) schon mit der Muttermilch aufgesogen: Ihr Vater ist Diplom-Landwirt. Vielleicht macht sie deshalb den Eindruck, die Bodenhaftigkeit und Bürgernähe nicht verloren zu haben; sie wirkt zupackend und pragmatisch und verfügt trotz außergewöhnlich heftiger Angriffe von Presse und politischen Gegnern („Grüne Schreckschraube") über eine erstaunliche Gemütsruhe und Fröhlichkeit. Wann immer sie kann, fährt sie Rad, geht schwimmen, joggen oder sie widmet sich ihrem großen Garten.

Jede Menge Grünzeug und Schweine im Bett

Die Ministerin kommt ein paar Minütchen zu spät. Bärbel Höhn steigt telefonierend aus ihrer metallicgrünen Dienstlimousine, zieht sich mit der noch freien Hand ein grünes Jackett über, und Sekunden später schüttelt sie Horst die Hand und entschuldigt sich für die Verzögerung. Da ist immer noch ein Hauch des norddeutschen Akzentes zu hören, und wenn sie lächelt, dann lächelt das ganze Gesicht. Als Horst sie fragt, ob sie erst mal in Ruhe einen Kaffee trinken möchte, bevor es losgeht, lautet ihre Gegenfrage: „Wie lange brauchen wir denn so?“ Immer im Dienst, immer im Stress, aber auch immer gut drauf. Und einen schönen Capuccino, den gönnen sich die beiden noch. Natürlich findet auch Bärbel Höhn Horsts Herd umwerfend.

Horst: Arbeitet ganz natürlich. Und schnell. Dementsprechend wird auch das Essen nachher ganz schnell gehen. Du hast dir ja etwas Vegetarisches gewünscht, und ich habe auch ein Gericht ohne Fleisch vorbereitet. Ich möchte heute mit dir so eine Art Schnitzelchen machen, aus weißen Zucchini. Dann machen wir einen Salat aus frischen Wiesenchampignons mit einem ganz jecken Joghurtdressing. Das ist schön erfrischend auch zu den Pellkartöffelches, die es dazu gibt. Das geht alles sehr zügig.

Höhn: Mit Gemüse kann man ja so viele Sachen machen. Und das geht immer schnell und ist auch noch gesund. Zu Hause essen wir gar kein Fleisch. Aber ich bin Landwirtschaftsministerin, und von daher esse ich natürlich Fleisch. Ich kann mich ja nicht für die Tier haltenden Betriebe engagieren und kein Fleisch essen. Das geht ja nicht.

Horst möchte wissen, welches Fleisch Bärbel Höhn denn am liebsten esse; sie antwortet „Das ist Wurst!“ und lacht selbst über die Wortspielerei, die ihr da aus Versehen passiert ist. Denn eigentlich, so korrigiert, sie, isst sie Fleisch am liebsten in purer Form, denn in die Wurst könne man schließlich alles mögliche hinein tun. Horsts Restaurant findet sie „urig“. Warum denn hier so viele Zettel herumhängen, möchte sie gerne wissen.

Horst: Ich könnte jetzt sagen, das war mein Büro, bevor meine Bürodame dazu gekommen ist. Das wäre nicht korrekt, aber mein Büro sah in der Tat auch nicht viel anders aus. Das mit den Zettelchen und Kärtchen fing an vor etwa elf Jahren. Da war ein Kanadier zu Besuch. Damals hingen hier wirklich nur Bilder schön ordentlich an der Wand. Der Kanadier sprach mich nach dem Essen an und sagte in gebrochenem Deutsch: „Horst, bei uns in Kanada, da ist das so: Das schönste Lokal, das man findet, das, in dem man sein letztes Bier trinken möchte, da hinterlässt man seine Karte und einen Dollar. Wenn man nichts mehr hat, dann versäuft man da den letzten Dollar." Er war der erste, der hier seine Karte aufhängte. Der Dollar ist leider irgendwann mal gemopst worden. Und seit der Zeit hängt jeder seine Karte auf und schreibt irgendetwas dazu, und jetzt dürfen wir die Wand auch nie wieder renovieren. Das geht gar nicht. Schau mal dieser Bilderrahmen da vorne. Da hat mal jemand eine Visitenkarte hineingesteckt, und mittlerweile sind da bestimmt 100 drin. Und wenn die Leute wiederkommen und ihre Karte nicht wiederfinden, dann sind sie beleidigt.

Höhn: Ich bin ja eine Anhängerin der Chaos-Theorie. Ich sortiere immer alles in Stapeln, und mein Mann wundert sich, der sagt dann: Mensch, wie machst du das, dass du trotz des Chaos die Sachen findest ? Es ist so, dass ich eine gewisse Ordnung in meinem Chaos habe. Das muss schon sein. Und wenn ich aufgeräumt habe, dann finde ich nichts wieder. Deswegen räume ich lieber gar nicht auf.

Horst: Das ist bei mir auch so. Wer aufräumt, ist bloß zu faul zum Suchen. Das finde ich aber Klasse, dass du als Politikerin dich dazu bekennst, auch so ein Zettelmännchen zu sein. Das ist cool. Ich zeige dir nachher mal meinen Schreibtisch. Ich habe mein Büro auch verteilt zwischen Auto, Garage, meiner Wohnung und dem Lokal. Ich hab immer überall was liegen. Und ich muss gestehen, dass ich trotz all meiner Zettelchen nie so richtig was wiederfinde. Abends in der Küche aber, da muss ich alles sortiert haben, sonst gibt es wirklich Chaos. Obwohl, ein bisschen sieht es ja doch aus wie Chaos, oben auf den Schränken mit den ganzen Pfannen und Pöttches, die sich da stapeln, wenn ich mir das so angucke.

Bärbel Höhn steht auf, schaut sich die Küche noch einmal genauer an und findet, dass das doch alles ganz übersichtlich sei. Sie stellt fest, dass Horst eindeutig mehr Pfannen als Pötte hat, und Horst erklärt ihr, dass er fast alles in Pfannen mache, weil das so schön schnell gehe. Das sei auf dem Herd ja auch sicher besser, nickt Bärbel Höhn, und erzählt, dass sie einst im Studentenwohnheim mit ihren asiatischen Kommilitonen im Wok kochte, was ihr immer sehr gut geschmeckt habe. Das gehe ebenfalls sehr schnell, „weil die das Gemüse so klein schnibbeln und immer im Wok rühren". Und das alles auf offener Flamme. Dabei blieben sehr viele Vitamine erhalten. „Das würde hier perfekt gehen, wenn du alle Ringe der Platte heraus nimmst." „Du meinst, wenn ich meine Schnellkochplatte anmache", antwortet Horst.

Höhn: Ich hab da mal eine Frage, denn ich habe ja zu wenig Zeit, fernzusehen. Mein Fahrer hat mir zwar schon alles über Sie erzählt. Wie machen Sie das mit Ihrem Bart, dass der nicht irgendwie abbricht? Ist das nicht kompliziert? Und ist der nicht ganz hart?

Horst: Fühl mal, der ist nur ein bisschen hart. Das ist Haarlack. Die meisten Leute meinen immer, wenn man so'n Schnäuzer trägt, wäre man unglaublich eitel und würde Stunden vor dem Spiegel verbringen. Stimmt aber gar nicht. Morgens den Fön kurz drunter links und rechts, danach eine halbe Dose Haarlack hinein, noch einmal zwirbeln und dann ist gut. Dem Schnäuzer passiert den ganzen Tag überhaupt nichts, auch beim Kochen nicht. Der fällt auch nicht runter. Viele wachsen ja ihren Schnäuzer. Der Wachs geht irgendwann `raus, doch der Haarlack für die Frauen, der ist einfach Klasse. Das ist wie ein Superkleber, und dann hab ich Ruhe den ganzen Tag. Abends, wenn ich mich dusche, dann fällt er natürlich runter. Dann ist es sehr anstrengend, zu küssen. Dann sehe ich aus wie dieser Seehund vom NDR.

Bärbel Höhn freut sich, dass sie das Geheimnis um Horsts Bart gelüftet hat; Horst bedauert, dass ihm ebenso wie der Ministerin zu wenig Zeit zum Fernsehen bleibt und er seine eigene Sendung höchstselten, meist nur auf Video sieht. Glücklich erzählt er, dass er gerade mit dem WDR eine ganz jecke neue Sendung drehe, und die unheimlich viel Spaß mache. Jetzt filme man ihn nicht nur in seiner Küche beim Kochen, sondern nun fahre er mit seinem alten Kreidler Florett Moped raus. Da habe er einen Anhänger hinten dran, und darauf sei sein mobiler Kohleofen, „mit Kamin und allem. Und dann koche ich mit den Menschen."

Horst: Letztens waren wir auf einem Campingplatz, die sind Weltklasse, diese Leute, mit ihrem Eigenheim da auf der Wiese. Ich hab noch nie so saubere Menschen gesehen. Ich habe welche kennen gelernt, die fahren schon 23 Jahre dorthin, immer auf diesen einen Campingplatz, und welche, die tun das schon seit 55 Jahren. Seit 55 Jahren! Das ist unfassbar. Die kennen alles da. Mit denen habe ich gekocht. Dann haben wir mal in so einen Campingwagen hineingeguckt, was die da alles so machen. Ein Paar hatte in seinem Vorzelt eine vier Meter lange Einbauküche! Die hatten zwei separate Staubsauger, das ist kein Witz! Er hatte seinen eigenen für den Kunstrasen vor dem Vorzelt. Dabei haben wir ihn gefilmt, wie er seinen Kunstrasen staubsaugt – vier Mal am Tag, mit Hingabe! Das ist wirklich wahr! Ich habe gesagt: Dein Rasenmäher sieht aber komisch aus, damit machen wir bei uns zu Hause die Teppiche. Er wusste nicht genau, wie ich das meinte.

Höhn: Da ist die selbstreinigende Natur doch besser. Ich muss meinen Rasen zu Hause nicht immer saugen. Wir sind früher mit unseren Kindern, als die noch klein waren, im Urlaub auch viel auf den Campingplatz gefahren. Mit Kindern ist das Klasse. Die können raus, alles ist offen. Meine Eltern hatten einen Wohnwagen, und den haben wir für unsere Urlaube genutzt.

Horst: Das Schöne ist, dass dort das Nachbarschaftsleben noch funktioniert. Da setzt man sich zusammen, trinkt sein Bierchen. Was schlimm daran ist und typisch deutsch, das sind die Nachbarschaftskriege. Da schneidet der eine seine Hecke wenn der Nachbar gerade den Rasen gemäht hat. Und dann fällt wieder alles auf den Rasen, und schon gibt's Krach. In den Kleingärten soll das ja auch so sein.

Höhn: Das ist der Nachteil, wenn man so eng beieinander hockt.

Der Cappuccino ist ausgetrunken, und die beiden machen den obligatorischen Rundgang durch Lichter's Oldiethek. Bärbel Höhn interessiert sich sogar für die Motorräder und fragt, ob die alle noch voll funktionsfähig sind, was Horst bejaht. Angesichts der Unmengen von Antikem und Trödel erinnert sie sich:

Höhn: Mein Vater hat immer gesagt: Es gibt zwei Sorten von Menschen. Das sind die Sammler und die Kannibalen. Zu den Kannibalen willst du doch wohl nicht zählen.

Horst findet, dass Bärbel Höhn einen sehr sympathischen Vater gehabt habe. Das Bistro kommentiert die Ministerin mit den Worten: „Das ist wohl das Wohnzimmer." Und probiert einen der bequemen Ohrensessel aus: „Da kommt man nicht mehr raus." Aber natürlich gefällt ihr vor allem der Garten: „Gartenbau gehört ja auch in mein Ressort." Hier soll alles noch viel grüner werden, findet Horst und erklärt seinem Gast, dass die Motorräder im Baum und das hier befindliche alte Auto komplett einwachsen sollen. Besonders hat es der Ministerin der Teich angetan, auf dem kleine Seerosen blühen und aus dem zuweilen das leise Quaken von Fröschen zu hören ist. Horst definiert ihn als „biologisch"; der Teich sei irgendwann einmal angelegt und dann vergessen worden. Er selbst habe bei der Übernahme des Gartens zunächst daran gedacht, den Teich „klarzukriegen", damit er nicht mehr trüb ist. Inzwischen aber wolle er ihn in seinem Naturzustand belassen. Bärbel Höhn findet das genau richtig: „Der Teich muss ja auch ein bisschen organisch sein." Sie ist begeistert. Beide sind sich einig: Wild wuchernde Gärten sind am schönsten und Frau Ministerin wünscht sich, gleich draußen zu essen. Horst zeigt ihr seinen alten Herd, auf dem er 15 Jahre lang gekocht hat und den er schweren Herzens für einen guten Zweck versteigern will. „Ich bin ganz ehrlich, ich hänge daran." Stolz zeigt er auch auf ein altes Fahrrad, das eine betagte Dame ihm schenkte, die sich kaum von ihm trennen mochte, weil ihr Mann gleich nach dem Krieg auf diesem Fahrrad aus der Kriegsgefangenschaft in Frankreich zu ihr gefahren kam, um ihr einen Heiratsantrag zu machen. „Bei mir hat eben jedes gesammelte Stück seine Geschichte."

Zurück in der Küche, kriegt Bärbel Höhn eine rote Schürze.

Horst: Guck mal diese schönen großen Kartoffeln, die setzen wir jetzt schon auf, denn die brauchen am längsten. Ich hab extra große Kartoffeln genommen, denn ich liebe Pellkartoffeln, aber ich hasse die Arbeit damit. Deswegen mag ich nicht, wenn das so kleine Dinger sind. Bis die fertig sind, hast du dir die Finger verbrannt und die Kartoffeln sind kalt. Die Kartoffeln sind vom Bauern nebenan. Nicht nur die dümmsten Bauern haben die dicksten Kartoffeln.

Höhn: Die Qualität und Quantität der ergonomisch nutzbaren Solanaceae steht in reziproker Proportionalität zur intellektuellen Kapazität des Produzenten.

Horst: Kannst du mir das mal übersetzen?

Höhn: Das heißt: Der dümmste Bauer hat die größten Kartoffeln.

Horst: Ich will dann mal gleich unser Salatsößchen machen und zwar mit frischem Joghurt, Balsamico-Essig, süßem Senf, Sahne-Meerrettich, Salz, Pfeffer, Zucker, frischem Knoblauch und vielen frischen Kräutern. Von den Champignons schneide ich nur hier unten die Pöppelches ab, dann schneide ich sie schön in Scheiben – sind das nicht schöne Pilze? Und dann unsere weißen Zucchini – die weißen werden ja immer ein bisschen unterschätzt, die schmecken meiner Meinung nach besser als die grünen, die muss man schälen und in Scheiben schneiden, und dann panieren wir die: Hier stehen Mehl, Eier und Paniermehl. Ich gestehe, das Paniermehl habe ich nicht selbst gemacht, denn ich hatte gestern keine Brötchen.

Co-Köchin Höhn schält die Zucchini und schneidet sie in dicke Scheiben, wie Horst es ihr gezeigt hat.

Höhn: Ich koche und backe ja gerne, wenn ich Zeit habe. Zu Hause kochen wir nur noch vegetarisch. Früher haben wir auch Fleisch gegessen, aber mein Mann hat dann gesundheitliche Probleme bekommen und sich intensiv mit Ernährung beschäftigt. Daraufhin beschluss er, mit dem Fleisch essen aufzuhören, und ich habe das mit gemacht. Er hat wohl als Kind zu viel Fleisch gekriegt. Früher hieß das ja: Die Jungs sollen was Vernünftiges essen. Ich selbst bin mit wenig Fleisch aufgewachsen, und so hat es mir nicht viel ausgemacht, darauf zu verzichten. Aber das heißt nicht, dass ich jetzt gar kein Fleisch mehr esse. Am häufigsten mache ich zu Hause einfach eine Gemüsepfanne. Das geht schnell, das ist immer etwas Anderes, das kann man mit Gewürzen und Kräutern immer wieder variieren.

Wie alt denn die Kinder von Bärbel Höhn seien, möchte Horst wissen, und ob sie zu MacDonald's gehen. 23 und 25 seien die Kinder jetzt, und MacDonald's sei in der Familie nie so ein Thema gewesen. Klar gingen auch ihre Jungs dorthin, aber sie äßen auch ganz „Normales". Beide Söhne studieren Mathematik, wie auch ihre Eltern es taten, „obwohl ich denen gesagt habe, macht lieber was Anderes", lächelt die Ministerin. Horst fragt erstaunt, wie man denn als Mathematikerin in die Politik komme.

Höhn: Durch meine Kinder. Die waren im Kindergarten und da gab's damals zu wenig Kindergartenplätze. Wir haben eine Bürgerinitiative gegründet und haben viel erreicht, die Stadt musste einen neuen Kindergarten bauen. Dann bin ich in die Kommunalpolitik gegangen, und zwar in die Partei, die am wenigsten Partei ist, und das waren die Grünen. Wenn überhaupt in eine Partei, dann in die grüne, das war ganz klar.

Bärbel Höhns Handy klingelt. Sie geht ran, es geht um das umstrittene Dosenpfand, über das am Freitag im Bundesrat entschieden wird, und sie

Ich paniere Gemüse gerne, denn so bekommt es eine schöne Kruste und bleibt innen drin schön saftig. Zuerst wälze ich das geschnittene Gemüse in Mehl, dann in Ei, das ich zuvor mit Salz, Pfeffer, Rosenpaprika und frischen Kräutern gewürzt habe – heute ist es Petersilie, weil ich noch was übrig hatte vom Salatsößchen – und zuletzt im Paniermehl. Dann kommt das Gemüse in die Pfanne, vielleicht kurz, bevor es gar ist, noch einen Klecks Butter drüber, fertig. Dat is lecker!

schließt das Gespräch mit den Worten: „Also, es ist alles im grünen Bereich." Horst bemerkt: „Das hört sich schön an, wenn du das sagst. Alles im grünen Bereich, das hat bei dir ja eine ganz besondere Bedeutung." Er hat derweil das Ei, das gleich zum Panieren verwendet werden soll, mit seiner Spezialmischung – Salz, Pfeffer, Rosenpaprika – gewürzt und mit reichlich frischen Kräutern versehen und bittet Bärbel Höhn, die Zucchinischeiben in Mehl, Ei und Paniermehl zu wälzen. Das tut sie gern und schnell.

Horst fragt Bärbel Höhn nach ihrem Lieblingsgericht und stellt nach kurzem Überlegen fest, dass er selbst für sich keines benennen könnte – außer Schokolade vielleicht.

Höhn: Ja, ein Stückchen Schokolade ist auch was Feines und gut für die Nerven. Ansonsten finde ich das auch schwierig, ein Lieblingsgericht zu benennen. Worauf ich Lust habe, hängt ja auch von der Stimmung ab und von der Saison. Ein absolutes Lieblingsgericht zu haben, das hieße auch, es jeden Tag essen zu wollen. Und das ist auch nicht gut. Außerdem verändert sich ja auch der Geschmack mit der Zeit. In meiner Jugend haben wir beispielsweise nie Reis gegessen, das mochte mein Vater nicht. Meine asiatischen Kommilitonen haben mir dann beigebracht, wie man Reis kocht. Reis mache ich auch jetzt noch viel zum Gemüse. Nudeln auch und natürlich oft Kartoffeln. Als ich noch an der Uni gearbeitet habe, hatten wir einen Freund, der war Hongkong-Chinese. Der konnte supergut kochen. Bei dem haben wir auch immer alles im Wok gegart. Weil wir aber nur einen Elektro-Herd zur Verfügung hatten, haben wir unseren Camping-Kocher mit offener Flamme eingesetzt. Was ich wirklich gerne mag, das ist so eine richtige Gemüsesuppe mit ganz viel Grünzeug. Die gab es auch oft früher in meiner Kindheit. Richtig gesund. Mit Sellerie und den Blättern von Sellerie, mit Karotten und allem was da hinein gehört. Mein Vater hat ja damals schon ökologisch angebaut, hat sich Pferdemist zum Düngen besorgt. Er ist Diplom-Landwirt.

Horst: Magst du mal probieren? Das ist unser Salatsößchen. Jetzt kann man, wenn man möchte, noch ein ganz klitzekleines bisschen Sahne dazu tun. Dann schön über die geschnittenen Champignons verteilen. Die sind übrigens nicht aus dem Supermarkt, sondern hier aus einer Zucht in Stommeln. Die haben die noch im Keller, so, wie das früher war.

Höhn: Gut. Ja, das kenne ich mit den Champignons, die dürfen ja kein Licht haben.

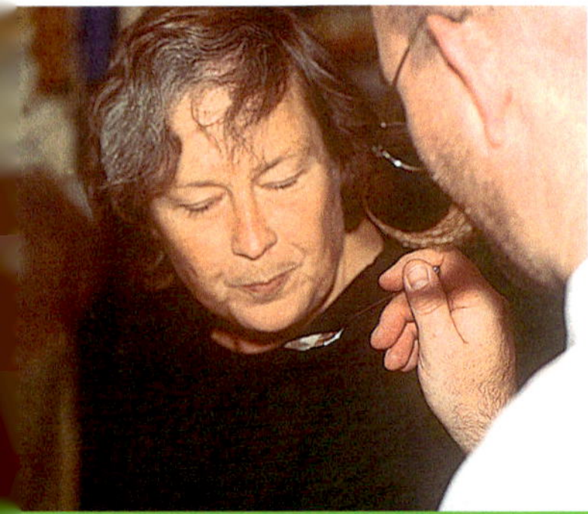

Horst erzählt, dass er alles Gemüse von einem Öko-Bauern im Dormagener Ortsteil Hackenbroich kauft. Da könne es allerdings schon mal passieren, dass so ein ungespritzter Broccoli lebe. Der laufe dann gerne mal vom Tisch. „Da sind so hübsche grüne Raupen drin, die sieht man erst gar nicht. So, die Kartoffeln kochen, das Gemüse ist fertig paniert."

Rezept „falsches Schnitzelchen"

Man soll ja nichts umkommen lassen! Wenn nach dem Panieren von Schnitzeln oder Gemüse noch Paniermehl und verkleppertes Ei übrig sein sollten: Die Ei-Masse nachwürzen und unter das Paniermehl schlagen, bis das Ganze eine feste Masse ist. Danach wie ein Schnitzel platt drücken und in der Pfanne braten, in der vorher das Fleisch oder Gemüse gebraten wurde. Lecker!

Höhn: Und das sieht wirklich gut aus. Was ist das denn für eine Kanne?

Horst präsentiert sein Ölkännchen, heute ist es eine Kaffeekanne, die aus den 50ern stammt. Kannen sind ja soooo praktisch, viel besser als die doofen Flaschen, bekundet Horst einmal mehr. Wegen den unpraktischen Öffnungen seien Ölflaschen außen immer voller Öl; bei einer Kanne bliebe immer alles sauber, und es sehe viel schöner aus. Er seufzt: „Ich liebe meine Kännches!" Das kann Bärbel Höhn sehr gut verstehen. Auf Speichern, im Gerümpel kann man die schönsten Sachen finden. „Die Leute heben das auf, weil sie Erinnerungen daran haben." Horst glaubt daran nicht mehr so richtig. Seiner Meinung nach denken die Leute eher daran, was das Zeug noch wert sein könnte. „Aufgrund dieser ganzen Trödelmärkte denken sie, sie hätten Reichtümer." Er gießt „ganz normales Öl", also ausnahmsweise kein Olivenöl, in eine Pfanne, und Bärbel Höhn legt die Zucchini hinein. Aus dem Rest Ei und Paniermehl macht Horst noch schnell ein „falsches Schnitzelchen", denn Reste sind schließlich zu schade zum Wegwerfen.

Horst: Wenn es bei uns zu Hause früher Schnitzel gab, haben wir immer darum gestritten, wer das „falsche Schnitzelchen" bekommt. Ich bin ein richtiger Resteverwerter. Beim Garnieren nehme ich auch die Dinge, mit denen ich koche. Du siehst, ein richtiger Koch spült seine Pfannen nie, denn dann brennen die nur an. Perfekt, wie du das machst. Man sieht, dass du kochen kannst.

Auf dem Herd brutzelt und zischt es. Bärbel Höhn wendet die Zucchini einmal; die beiden lassen alles in Ruhe brötscheln. Der Gast bittet noch einmal darum, draußen essen zu dürfen, im schönen, grünen Garten. Höhns Wunsch ist Horst Befehl, und seine fleißigen Helferlein decken draußen den Tisch. Die Kartoffeln brauchen noch ein bisschen. Noch ein kleines Messerspitzchen Butter auf die schmurgelnden Zucchinischeiben, dann kommen sie kurz in den Backofen. Horst wendet das falsche Schnitzelchen in der Pfanne, woraufhin Bärbel Höhn erzählt, dass sie in der Talkshow von Bettina Böttinger zum ersten Mal in ihrem Leben Pfann-

kuchen in der Pfanne hochwerfen und dadurch wenden musste – es hat funktioniert, berichtet sie nicht ohne Stolz. Horst holt die Zucchini aus dem Ofen, und sie sehen wahrhaft köstlich aus.

Höhn: Das falsche Schnitzelchen sieht so ein bisschen aus wie „Armer Ritter". Den finde ich auch toll, einfach und immer lecker.

Horst: Genauso liebe ich Kalte Schnauze. Das war immer unser Kindergeburtstagskuchen. So eiskalt aus dem Kühlschrank.

Höhn: Den habe ich auch öfter auf dem Camping-Platz gemacht, denn mein Sohn hat im Juli Geburtstag, also feierten wir ihn oft in den Ferien. Da konnte ich ja keinen anderen Kuchen machen.

So langsam sind auch die ganz dicken Kartoffeln gar, und Horst und sein Gast nehmen im Garten auf dem alten Chorgestühl an der langen, hübsch eingedeckten Tafel Platz. Während Horst vorlegt, erzählt sie von ihrem anstehenden Wanderurlaub auf Madeira: Ein Mobilfax und ein Handy hat sie immer dabei. Ohne das geht es nicht. Inkognito kann sie fast nirgendwo sein, berichtet sie achselzuckend. Aber das sei nicht so schlimm. Und auf Madeira gebe es Wege, wo man kaum einem Menschen mehr begegne. Da sei man auch in der Hochsaison mal ganz alleine. Das „falsche Schnitzelchen" schmeckt ihr hervorra-

Arme Ritter

Hartes Weißbrot oder Brötchen vom Vortag (oder auch Zwieback) in einer Schüssel mit Milch einweichen, in die Zucker und eine Prise Salz gerührt wurden. Das Brot stückweise aus der Tunke nehmen, vorsichtig ausdrücken, von beiden Seiten durch eine Ei-Masse ziehen und anschließend durch das Paniermehl. Von beiden Seiten bei hoher Hitze braten, bis die „Armen Ritter" goldgelb sind.

Nichts für Kalorienbewusste: „Kalte Schnauze"

Zutaten (für 4 Personen): 2 Pakete Leibnitz Kekse, 2 Platten Biskin, 1 Paket Stollwerk-Zartbitterkakao, 1 Fläschchen Rum-Aroma, 1 EL Zucker, 1 Päckchen Vanillezucker, 1 EL Sahne.

Zubereitung: Das Fett langsam schmelzen lassen und alle Zutaten, mit Ausnahme der Kekse, langsam einrühren. Eine kleine Kastenform mit Alu-Folie auslegen und die Masse abwechselnd mit einer Lage Kekse einschichten. Als Krönung mit Mandelsplitter oder Mandelblätter verzieren. Danach mindestens für 4 Stunden in den Kühlschrank stellen. Zusammen mit Eierlikör eine Delikatess-Nachspeise.

gend, und das Gemüse kommentiert sie mit den Worten: „Schnell zu machen, gesund und lecker. Es gibt ja auch so einen Trend zurück zu den einfachen Sachen. Also nicht alles noch komplizierter und noch von irgendwo her, sondern aus der Region für die Region. Und wir gewöhnen uns auch wieder dran, dass es eine Saison gibt. Man holt nicht mehr einfach alles jeden Tag aus der Kühltruhe, sondern freut sich auch wieder auf Erdbeeren. Als ich jetzt die Erdbeersaison eröffnete, habe ich mir auf dem Feld eine abgepflückt mit dem vollen Aroma, das war ein richtiger Genuss. Oder wenn dann die Pflaumen kommen, Pflaumenmus und Pflaumenkuchen, mmmh. Wir haben einen riesigen Zwetschgenbaum in unserem Garten, größer als das Haus. So einen hatte ich vorher noch nie gesehen. Als wir noch auf dem Dorf in Schleswig-Holstein lebten, ein Dorf mit acht Häusern, da habe ich auch ganz viele Möhren und Kartoffeln usw. angebaut und Möhren untereinander gekocht, mmmh. Und diese Möhren waren auch riesig groß. Ich mag auch gern gebratenen Sellerie." Bärbel Höhn zerdrückt ihre Kartoffel in den Resten der Salatsoße auf ihrem Teller. „Das hat einen sehr schönen Geschmack." Sie erzählt von der Slow Food-Bewegung, mit der die Grünen zusammenarbeiten, die sich als Protestbewegung zu Fast Food versteht und verstärkt auf Produkte aus der Region und Handwerkstraditionen setzt. Horst möchte wissen, wie denn ein so gestandenes Weibsbild wie Bärbel Höhn mit den Bauern klarkommt. Die Ministerin gibt gern zu, dass das nicht immer so einfach ist:

Höhn: Politik ist ja auch immer ein bisschen Theaterdonner, eine ritualisierte Angelegenheit. Bajonette aufpflanzen und los geht's. Im Moment geht es zum Beispiel um die Schweinehaltungsverordnung. Die alte besagt, ein 110 Kilo schweres Schwein hat ein Recht auf 0,6 qm Platz. Da habe ich gesagt, Leute, ein Bett zu Hause für eine Person ist 1 Meter mal zwei Meter, also zwei qm. Nach der alten Schweineverordnung passen da mehr als drei 110 kg-Schweine in ein Bett hinein. Drei Schweine im Bett, das ist zu viel. In meiner neuen Schweineverordnung sage ich jetzt, pro Schwein ein Quadratmeter, also höchstens zwei Schweine im Bett. Die Schweine brauchen außerdem ein Recht auf Licht. Wir haben jetzt gesagt: drei Prozent der Grundfläche. Das ist ungefähr die Größe eines Kellerfensters. Die Schweinehaltungsverordnung hat für ordentlich Zoff auf dem Deutschen Bauerntag in Münster gesorgt. Aber danach, wenn alles vorbei ist, sind die Bauern wieder ganz nett. Manchmal sind sie auch offen. Die sind ja alle auf Fördermittel des Staates angewiesen, das heißt letztendlich müssen sie ja mit der Politik reden. Mir hat bei einem Termin mal ein Bauer gesagt: „Letztes Mal waren wir ja auf Kampf eingestellt, aber diesmal, hat der Bauernverband gesagt, diesmal sollen wir uns vertragen."

Bärbel Höhns Handy klingelt erneut. Es geht wieder um die Blechdosen. Sie tätigt einen Rückruf bei einem Journalisten. Horst bittet sie noch, in

sein Gästebuch zu schreiben und will unbedingt wissen, wie denn der Schröder so sei. Das sei ein Kumpeltyp, so die Ministerin über den Bundeskanzler, mit dem komme sie klar. Horst fragt, ob sich Politiker also in der Öffentlichkeit streiten und sich dann hinterher ganz privat wieder vertragen.

Höhn: Ja, sonst würde man das ja auch menschlich gar nicht aushalten. Manchmal aber geht es hart zur Sache. Die Koalitionsverhandlungen im Jahr 2000 waren nicht angenehm. Man muss es schon professionell sehen, man muss sich immer wieder sagen: Es geht nicht gegen deine Person, es geht um die Sache. Da wird halt mit harten Bandagen gearbeitet, denn beide Seiten wollen was erreichen. Dabei wird auf die Person keine Rücksicht genommen. Wenn man das nicht abkann, darf man nicht in die Politik gehen. Ich hab einen Job mit der kürzesten Kündigungszeit, die man sich vorstellen kann, ich könnte morgen meine Urkunde zurückgeben. Es gibt viele Leute, die würden den Job auch gerne machen, es gibt also eine gute Nachfrage. So ein Job, für den man 14 bis 16 Stunden am Tag arbeiten muss, ist auch nicht einfach für eine Beziehung. Deshalb machen mein Mann und ich auch viel gemeinsam Urlaub oder achten darauf, dass wir ab und zu in aller Ruhe zusammen frühstücken. Und dass wir noch ein, zwei Stunden miteinander quasseln, wenn wir spät nach Hause kommen. Momentan läuft das sehr gut, aber es hat auch Zeiten gegeben, in denen das sehr belastend war. Es hat ja oft ziemlich geknallt in dieser Koalition, und wenn man dann noch mit Problemen nach Hause kommt, dann ist man zwar da, aber nicht richtig da. Dabei kann ich im Verhältnis zu anderen noch ganz gut abschalten. Ich kann mich einfach hinlegen und schlafen, und das ist gut, dass ich das kann. – Übrigens: Sonst esse ich höchstens mal am Wochenende so in aller Ruhe wie heute. Mein Terminreferent sagt den Leuten immer: Die MInisterin braucht nicht zu essen und nicht zu schlafen.

Horst: Dafür musstest du nun nach Butzheim kommen. Ich bin ganz fasziniert von dir, du merkst ja, ich muss dich immer wieder angucken, du bist ja eine ganz Süße. Ich hab mir gedacht, du bist gestresst, vielleicht ein bisschen rabiat, weil du dich dauernd durchsetzen musst, vielleicht zu skeptisch, und jetzt biste mir ganz lieb.

Bärbel Höhn hinterlässt noch eine Visitenkarte und ein Foto für die Wand. Einen Dollar hat sie heute leider nicht dabei.

Horst: Ich hoffe, du kommst noch mal abends wieder, weil dann hier eine ganz andere Welt ist.

Höhn: Das kann ich mir vorstellen. Aber jetzt muss ich los. Es war sehr schön. Vielen Dank.

Pellkartoffeln mit Champignonsalat

Zutaten für 4 Personen:

Ca. 500 gr. große Kartoffeln
Ca. 400 gr. schöne große, weiße Champignons
8 weiße Zucchinis (es können auch grüne sein)
4 Knoblauch-Zehen
2 TL Sahnemeerrettich
50 ml. Sahne
200 gr. Joghurt
3 Eier
2 TL süßen Senf
Mehl, Paniermehl, Balsamico-Essig,
Salz, Pfeffer, Zucker, Dill, Schnittlauch

Pellkartoffeln wie üblich kochen.
Für die Salatsoße den Joghurt mit der Sahne verrühren, 1 Schnapsglas Balsamico-Essig, Senf, Sahnemeerrettich, die fein gehackten Kräuter und den gepressten Knoblauch dazu geben. Mit Salz, Pfeffer und Zucker abschmecken. **Champignons** in grobe Streifen schneiden und vorsichtig unterheben.
Zucchinis schälen und in ca. 1 cm dicke Streifen schneiden. Mit Mehl, Ei und Paniermehl vorsichtig panieren, in einer Ölpfanne ausbacken und zum Schluss noch ein Stück Butter zum Nachbräunen darüber geben.

quonset rieslin' 2000, qba, Pfalz
Ca. € 6,00 bei rotweiss.

wein für alle!
rotweiss

Voller Würze, schöne Säure, sogar leicht spritzig, mit Beerenaromen, durstlöschend und irgendwie vitalisierend. Perfekt zur pflanzlichen Kost.

Jürgen Büssow

Jürgen Büssow, Regierungspräsident von Düsseldorf, wurde 1946 in Bonn-Bad Godesberg geboren. Er absolvierte zunächst eine Ausbildung zum Orthopädie-Mechaniker, studierte Sozialarbeit, bevor er sich mit Haut und Haaren der Politik verschrieb. 1995 trat er als Nachfolger von Fritz Behrens sein neues Amt als Regierungspräsident an. Seine Leidenschaft gilt, neben der Politik, dem Sport, genauer dem Laufen.
Wann immer er kann, zieht er seine Jogging-Schuhe an. Seit letztem Jahr läuft er auch Marathons u.a. in New York und London. Jürgen Büssow ist verheiratet und hat eine Tochter.

Schwein gehabt – und gut gegessen

Jürgen Büssow hat nicht mehr viel Zeit zum Kochen. Als Student aber hat er öfter am Herd gestanden: aus Notwendigkeit. Als Marathon-Läufer achtet er penibel auf sein Gewicht: Der hochgewachsene, äußerst schlanke Mittfünfziger gesteht im Gespräch mit Horst, dass er „gern noch fünf Kilo weniger hätte". Das hindert ihn allerdings nicht, als Gast in der Oldiethek „alles das zu essen, was ich sonst nicht mehr esse: Speck und viel Fleisch". Und frank und frei wie er so ist, macht er auch aus seiner Skepsis keinen Hehl, als Horst ihm statt der von ihm gewünschten Leibspeise Cordon Bleu „Schweinefiletchen" auftischen will. „Ja, gut, ich bin ja tapfer", sagt Büssow ergeben. Horst beruhigt seinen Gast: „Ich hab extra Filet genommen, das ist ganz weit weg von Maul und Klauen. Wir werden das wie bei mir üblich ganz außergewöhnlich gestalten."

Büssow: Aber nicht mit so pappigen Soßen, die mag ich nämlich nicht. Mit Mehl oder so.

Horst: Wenn wir überhaupt Mehl nehmen, dann nur zum Abstäuben. Wir werden keine Kartoffeln und keine Nudeln dazu machen, sondern Möhren, die wir schälen und fein schneiden, darüber werden wir ein Ei ausbacken im Backofen. Das ist ganz schön frisch. Den Blumenkohl bereiten wir ganz normal zu. Zu Fleisch und Blumenkohl machen wir eine außergewöhnliche Soße mit Speck, Rucolasalat, frischem Basilikum, Zwiebelchen und Schnittlauch. Das wird eine ganz kräftige Soße, die wir nicht eindicken. Ich mache überhaupt keine Mehlsoßen, sondern nur welche mit Crème fraîche oder Sahne, aber trotzdem locker-leicht. Und wenn ich abbinde, dann nur mit Ei. Kochst du denn auch zu Hause?

Rucola, oder auch hierzulande Rauke genannt, ist schon seit langem bekannt. Zeitweise war er in Vergessenheit geraten. Aber im Zuge der immer mehr beliebteren italienischen Küche ist er wieder sehr in Mode gekommen. Er verfügt über einen intensiv nussigen Geschmack.

Büssow: Ja, aber immer seltener. Früher habe ich öfters gekocht. Ich kauf auch gern ein. In Kaiserswerth, wo ich wohne, gehe ich zum Gemüsehändler, und ich gehe auch gern in den Kaufhof, wegen der guten Auswahl, und natürlich auf den Karlplatz, ach nein, der heißt ja jetzt wieder Carlsplatz. Obwohl, das finde ich gar nicht gut: Man konnte daran, ob einer Karlplatz oder Carlsplatz sagte, immer den Düsseldorfer vom Nicht-Düsseldorfer unterscheiden, und außerdem hieß der nicht Carls Theodor, sondern Carl Theodor. Da kommt ja der Name her. Da haben die jetzt so einen rheinischen Genitiv eingefügt, der da gar nicht reingehört.

Jürgen Büssow zieht Jackett und Krawatte aus, öffnet die oberen Knöpfe des Kragens seines weißen Hemdes, legt die weiße Schürze an, die

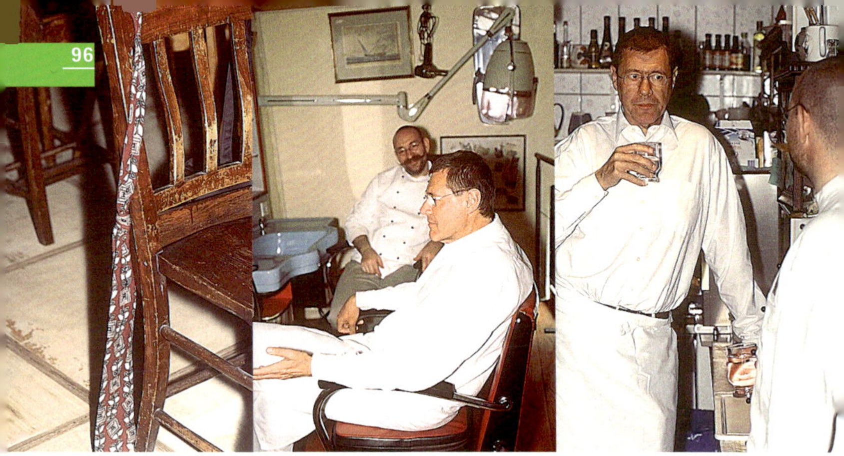

Horst ihm reicht, und die beiden drehen erst mal die obligatorische Runde durch die Oldiethek. Beim Anblick der winzigen Küche will Büssow wissen, ob Horst mal Schiffskoch gewesen sei; Horst verneint und berichtet, dass ihn schon viele gefragt hätten, ob er vielleicht mal in einem U-Boot gekocht habe: „Aber das könnte ich nicht, da habe ich Platzangst." Die beiden spazieren durch die Scheune. Spätestens, als Büssow in Horsts Formel I-Devotionalien-Ecke den Mann auf den Fotos, Graf Berge von Trips, sofort erkennt, und zudem erzählt, dass er diesen noch leibhaftig hat fahren sehen, Anfang der 60er auf dem Nürburgring, ist das Eis zwischen Koch und Regierungspräsident gebrochen. Zu gern hätte Horst selbst noch ein Rennen seines Idols gesehen. Er schwärmt, und in seiner Stimme klingt Ehrfurcht mit. Büssow fragt nach, ob der Graf nicht hier irgendwo aus der Gegend stamme, was Horst bestätigt.

Büssow: Rommerskirchen ist übrigens eine der kleinsten Gemeinden in meinem Regierungsbezirk.

Horst: Aber wahrscheinlich bald eine der berühmtesten.

Horst grinst. Wie gut, dass er so gar nicht eingebildet ist. Die beiden schauen sich den Friseursalon an. Büssow lässt sich entspannt auf einem der Friseurstühle nieder.

Büssow: Dein Salon hier erinnert mich an was. Als ich 1993 in New York war, in irgendeiner Straße zwischen der 33. und 48., da war ein altes Hotel, und unten war ein Friseurladen drin, und der sah genauso aus wie dieser. Da war ein Friseur, der hatte schon James Dean die Haare geschnitten, als der ganz am Anfang am Broadway Theater spielte.

Horst: Wir überlegen übrigens, ob wir den Salon hier wiederbeleben, das prüfen wir gerade. Dann kann man hier Formel I gucken und sich gleichzeitig die Haare schneiden lassen.

Zurück in der Küche, machen die beiden sich ans Werk.

Horst: Du wirst sehen, das geht alles sehr, sehr schnell. Ist ja alles eine Frage der Vorbereitung, des gut organisierten Mise en Place. Man braucht ja vorher nur gedanklich die Arbeitsschritte durchzugehen. Man braucht mehr Zeit für die Vorbereitung als für das Kochen selbst. Ich leg mir immer alles sehr schön hin.

Büssow: Das mach ich auch. Ich hab ja eine Handwerker-Ausbildung als Orthopädie-Mechaniker, da lernt man das. Und wenn ich fertig bin, leg ich auch immer alles gleich weg. Wenn meine Frau kocht, ist das ganz was Anderes, dann steht alles rum.

Entsprechend systematisch machen sich die beiden im wahrsten Sinne des Wortes ran an den Speck, den sie, gewürfelt, für die Soße brauchen.

Horst: Die Zwiebelchen müssen wir auch schneiden, ein bisschen Calavados tun wir an die Soße dran, damit die noch ein bisschen cremiger wird. Den Rucola, den schneiden wir auch noch mal ein bisschen, denn da machen wir keinen Salat draus, der kommt auch in die Soße. Die Möhrchen müssen wir schälen und schnibbeln.

Büssow: Dann mach ich das mal. Wenn du mir ein Messer gibst.

Ruckzuck schält der Regierungspräsident die Möhren – so als hätte er nie etwas anderes gemacht. Angesichts dieses Naturtalents fragt Horst, was denn Büssow bewogen habe, in die Politik zu gehen.

Büssow: Ach, das weiß ich auch nicht. Das hat schon ziemlich früh angefangen, so mit 17.

Horst: Aus Änderungswünschen? Ich kann mir nur vorstellen, dass man in die Politik geht, wenn man mit dem, was ist, nicht so wahnsinnig einverstanden oder aber begeistert ist. Also wenn man etwas verändern oder das unterstützen möchte, was da gerade so ist.

Büssow: Eigentlich mehr aus Veränderungswünschen. Ich wollte, dass etwas besser wird. Aber erst mal fand ich das spannend, wie Politik überhaupt abläuft. Als das Fernsehen bei uns in die Haushalte einzog, da habe ich die großen Debatten verfolgt, das fand ich ziemlich aufregend, was da so im Parlament passiert. Dann habe ich das im Kleinen kennen gelernt: Stadtjugendring, da war noch alles überschaubar, dann war ich bei den Pfadfindern, dann habe ich mir die politischen Parteien angeguckt, Junge Union, Jungedemokraten, Jusos und habe dann entschieden: So, wie die Sozialdemokraten das sehen, ist das wohl mehr meine Sache. Und dann bin ich da hängen geblieben. Später wurde ich dann in den Juso-Vorstand gewählt, dann Jungsozialisten in Düsseldorf, dann Landesvorstand, dann haben wir ein bisschen „gespielt", und dann war ich im Parlament. 1974 bin ich aufgestellt und 1975 gewählt worden.

Horst: Hast du das jemals bereut?

Büssow: Ich will mal so sagen: Ich wollte nach zwei Jahren wieder weg sein, ich fand das relativ langweilig. Ich kam gerade frisch von der Uni, war voll mit Theorien und Ideen, und dann habe ich gesehen, was sich so abspielt, fand das gar nicht prickelnd und habe gesagt: Nee, das ist nicht meine Welt. Aber dann wurde ich Sprecher für die SPD im Hauptausschuss für die Medienpolitik. Und dann haben sie mich machen lassen, und das hat mir Spaß gemacht.

Horst: Das glaube ich, dass du enttäuscht warst, wie es da abgeht. Als ich bei Rheinbraun war, da war ich im Betriebsrat. Da war ich auch so enttäuscht über all den Schmu und die Pöstchen, die man sich zuschiebt und da habe ich mich verabschiedet. Dabei war ich vorher so enthusiastisch und wusste nicht, was da los ist.

Büssow: Dann warst du in der IGBE? Ich wusste gar nicht, dass das eine Gewerkschaftsveranstaltung ist, die wir hier machen. Hast du denn hier auch einen Betriebsrat?

Horst: Ja, klar. Ich bin hier Chef und Betriebsratsvorsitzender in einer Person. Wir verhandeln dann in Ruhe, und meistens gewinne ich auch. Einmal nur haben meine Mädels gestreikt, weil sie eine Spülmaschine haben wollten. Die haben sie ja dann auch gekriegt.

Büssow: Das war meine erste Anschaffung, als ich Geld verdient habe während meines Studiums, noch vor'm Auto. Ich hab ja auch als Student schon viel gekocht. Aber ich hab auch viel draußen gegessen, in Mensen und so. Ich hab immer gern Fleisch gegessen, und daher habe ich viele Fleischgerichte gekocht.

Horst: A propos Fleisch. Ich parier' gerade das Schweinchen und schneide es in schöne kleine Streifen, damit das nachher schneller geht, denn Kochen ist schön, aber Essen ist noch schöner, und daher bin ich für die schnelle Küche. Würzen werde ich sie mit Salz und Pfeffer und sie mit ein bisschen Senf einreiben.

Büssow: Nicht schlecht. Schweinefilet mache ich auch ab und zu, mit Paprika oder auch Curry. Was ich überhaupt nicht konnte, waren Süßspeisen, Kuchen, Puddings und so, das war alles nicht meine Sache. Ich esse die schon gerne, aber ich finde, es ist schwierig, sie zuzubereiten. Fleisch ist dagegen einfach. Obwohl man da sehr genau mit Zeiten arbeiten muss. Aber im Augenblick bin ich mit Fleisch ein wenig zurückhaltend.

Büssow macht sich an den Rucola. Horst zeigt ihm einige seiner Pöttches und Kännches. Früher, so meint er, wäre das der Stolz einer je-

den Hausfrau gewesen. Jürgen Büssow verspricht, zu Hause mal nachzuschauen, da gebe es bestimmt noch ein paar Sammeltassen für Horst. Binnen Sekunden hat er den Rucola kleingehackt. Dann zupft er das Basilikum und hackt den Schnittlauch.

Büssow: Kommen denn deine ehemaligen Kollegen von Rheinbraun auch mal hierher?

Horst: Ganz, ganz selten. Jetzt, nach 12 Jahren, kommen die ersten wieder. Mein ganzes Umfeld hielt mich anfangs ja für durchgeknallt. Nach dem Motto: Mein Gott, was macht der denn da? Der muss ja verrückt sein.

Büssow: Das stimmt ja auch wahrscheinlich, aber anders schafft man's ja auch nicht. Oder? So 0815, das wäre ja langweilig.

Horst: Ich bin gerne verrückt. Dazu muss man ja auch meine Vorgeschichte kennen. Zwei Gehirnschläge und einen Herzinfarkt, da habe ich gedacht, ich muss mein Leben ändern.

Büssow erschrickt, wie alle, die von Horsts überstandenen Schicksalsschlägen hören. Er fragt, ob Horst etwas für seine Gesundheit tue, zum Beispiel Laufen, aber Horst verneint: Er arbeite nur und denke positiv. Wieso, fragt Büssow, wirst du denn nicht kräftiger bei dem Job? Horst seufzt: Er sei durch den Job tatsächlich schon viel dicker geworden. Ein Koch ernähre sich halt sehr schlecht. Er frühstücke morgens relativ gut, dann esse er den ganzen Tag nichts mehr.

Horst: Ich hab den Blumenkohl schon mal ins Wasser getan mit Gemüsebrühe und Speckschwarte für den Geschmack. Das Fleisch braten wir ganz sanft an, weil ich ja aufpassen muss, dass der Senf nicht zu heiß wird, denn der wird ja sonst bitter.

Er demonstriert seine „Schnellkochplatte", hebt den Deckel von der runden Herdöffnung und stellt den Topf mit dem Blumenkohl darin auf die offene Flamme. Er fordert den Regierungspräsidenten heraus,

Ich lasse den Blumenkohl einmal aufkochen und stelle den Topf dann beiseite. Bis alles andere fertig ist, ist der ohne Feuer nachgezogen, knackig und gar, und er wird nicht matschig. Mit Spargel mache ich das auch so.

einzuschätzen, wie heiß dieser Herd wird. Büssow schätzt auf 1.000 Grad, und Horst klopft ihm verbal auf die Schultern: „Der erste, der's halbwegs richtig schätzt. Zwischen 800 und 1.500 Grad sind hier gemessen worden. Das gibt's weder bei Gas noch bei Elektro." Und erläutert weiter, dass er 15 Filets in kalter Pfanne und mit kaltem Öl auf's Feuer stellen kann und die Filets binnen weniger Minuten fertig seien. Der Gast stellt fest: „Also vegetarisch kochen wir ja nicht gerade."

Horst: Gemüse schmeckt doch nur gut, wenn es in Fleischbrühe gegart wird. Aber du isst doch gerne Fleisch?

Büssow: Trotzdem solltest du so was mal machen, auch für das Fernsehen, denn es gibt doch immer mehr Vegetarier. Und die brauchen doch neue Anregungen.

Horst: Das stimmt, die vegetarische Küche ist ja oft sehr phantasielos.

Büssow: Genau. Meine Tochter ist Vegetarierin, die kritisiert, dass es so wenige vegetarische Restaurants gibt. Sie wird jetzt 18, aber Vegetarierin wurde sie schon mit 12. Da hörte die ganze Klasse auf, Fleisch zu essen.

Horst: Das kenne ich. Nach dem Motto: Die armen Tiere.

Büssow: Und dann gab es diese Bilder von den brennenden Tieren im Zusammenhang mit BSE, und da war es dann ganz vorbei.

Horst: So, jetzt feuer ich den Herd noch ein bisschen, verheize Kohle und tu was für die Region. Aber die Braunkohle gehört ja nicht mehr zu deinem Regierungsbezirk, oder?

Büssow: Doch, jetzt schon. Garzweiler II ist im Regierungsbezirk Düsseldorf.

Horst: Dann haste den Ärger auch um die Ohren. Und das ist ganz viel Ärger.

Büssow: Es geht so.

Kräuterbutter

Selbsthergestellte Kräuterbutter schmeckt am besten. Man nehme reichlich Butter, Salz, gekörnten Pfeffer, Knoblauch ohne Ende. Dill, Schnittlauch und Petersilie. Alles grob hacken und unter die Butter mengen. Nicht vergessen: Ein Schuss Worcestersoße sollte mit rein.

Horst holt seine Kräuterbutter aus dem Vorratskämmerchen, und Büssow will wissen, ob er die auch selbst gemacht habe. Horst bestätigt das, gespielt empört über die Frage. Büssow bekennt, dass er gekaufte nicht gegessen hätte, die schmecke ihm nämlich nicht. Er fragt Horst, wie er prüft, ob der Blumenkohl gar ist, und ob er dazu auf die Uhr schaue. Für Horst aber gibt es nichts Schlimmeres, als nach der Uhr zu kochen; er arbeite nach Gefühl und könne schlecht Zeitangaben machen, auch nicht beim gerade in Arbeit befindlichen Schweinefilet. Büssow erzählt, dass er immer in den Blumenkohl hinein piekse. Das findet Horst gar nicht gut, „dann schreit der nämlich, der Blumenkohl". Und verrät seinem Gast einen Super-Trick in Sachen Blumenkohl garen.

Horst: Mein Lehrherr hat immer gesagt: Alle Köche sind beschissen, die sich nicht zu helfen wissen. Das passt auf jeden Beruf. So, jetzt kommen die Schweinefilets in den Ofen, dann sind die verschwunden. Jetzt setzen wir zwei Pfannen auf, Öl und Möhrchen andünsten, dann gehen die gleich in den Backofen, mit dem Ei drüber. Die haben einen tollen Geschmack. Wie Rührei sollen sie aber nicht aussehen.

Büssow: Da bin ich mal gespannt.

Horst: Jetzt tun wir den Rucola ins Sößchen und den Schnittlauch. Die Basilikumblätter tun wir erst ganz zum Schluss hinein, damit wir die auch erkennen können. Dann noch drei bis vier Löffelchen Senf. Ich nehme ja gern den süßen Senf, weil ich mich nie zwischen kräftig und süß entscheiden kann. So, und jetzt Calvados, so nach Gefühl, aber nicht zuviel, damit wir nachher nicht besoffen sind.

Man hätte auch noch Tomatenmark in die Soße geben können, aber nur wegen der Farbe, denn Geschmack hat das nicht. Wenn man Tomatenmark andünstet, sieht eine Soße schön rosig aus.

Büssow: Der Alkohol ist ja gleich weg, da bleibt ja nur der Apfelgeschmack. Und was kommt jetzt?

Horst: Crème fraîche. Ich koch gern mit Sahne und Crème fraîche.

Büssow: Tja, nur was fettig ist und süß, das schmeckt auch. Leider.

Horst: Und jetzt noch ein bisschen Zucker an das Sößchen. So wie an jede süße Speise Salz kommt, tu ich auch an jede kräftige Speise Zucker. Wahrscheinlich hat's noch nie einer geschmeckt.

Büssow: Ich kenn das von der Salatsoße, da hat meine Mutter auch immer Zucker dran getan. Das neutralisiert wohl die Säure des Essigs.

Horst füllt verkleppertes und mit seiner Gewürzmischung versehenes Ei in die Pfannen, in denen die Möhren dünsten, lässt das Ei kurz anbacken und schiebt die Pfannen in den Ofen. Koch und Gastkoch probieren die Soße. Dafür, dass da noch kein Gewürz dran ist, schmeckt's doch schon gut, finden die beiden. Es fehlt nur noch das Basilikum. Da die Soße heiß bleiben muss, aber nicht weiter einreduzieren darf, kommt sie auf's „Billig-Wämmerie", wie Horst sagt. Er platziert die Soßenpfanne auf dem Blumenkohltopf mit dem heißen Wasser darin. Bald ist das Ei im Ofen gestockt. Es wird angerichtet. Jürgen Büssow trägt die Speisen an den Tisch, Horst holt für beide ein Pils und legt vor.

Horst: Ich kann überhaupt nicht vorlegen. Aber ich werd's wieder mal versuchen. Sollte ich als Koch doch können. Naja, eigentlich muss nur der Kellner das können.

Büssow: Wieso hast du eigentlich nicht das Knechtstedener Bier? Das schmeckt echt gut. Es kommt überhaupt viel Gutes aus dem Kreis Neuss. So, das war jetzt richtig deutsche Küche hier, wie sie in Deutschland kaum noch gegessen wird. Ich bin ja mal gespannt auf den Blumenkohl, ob der auch schön al dente ist. Mmmmh, das Fleisch ist sehr gut gewürzt, obwohl wir gar nicht viel dran getan haben. Der Blumenkohl hält auch, was du versprochen hast. Und diese Möhrendinger, lecker. Wie nennst du die denn jetzt?

Horst: Ja, wie nenn ich die denn jetzt, sagen wir Möhrenplätzchen. Ich überrasche die Menschen eigentlich immer damit, dass ich eine Zutat nehme, die jeder kennt, in einer ungewöhnlichen Zusammensetzung, so wie es noch keiner gegessen hat. Je mehr ich mache, desto mehr fällt mir auch ein. Man wird automatisch kreativer.

Büssow: Das ist wie in der Politik. Je länger man sich mit einem Thema beschäftigt, desto virtuoser bewegt man sich darin. Dann schaut man sich auch schon mal was ab, man muss das Rad ja nicht immer wieder neu erfinden. In der neuen Zusammensetzung besteht ja die Kunst. Mann, da haben wir prima gekocht. Ich glaube, das koche ich jetzt doch mal nach zu Hause.

Horst: Na, das ist ja ein großes Lob. Da haben wir doch wieder mal gesehen: Am Anfang sind viele skeptisch, und dann mögen sie doch, was ich koche. Ich liebe meinen Beruf, du ja offenbar auch, du erzählst ja auch immer davon.

Büssow: Ja, ich werde immer ganz verlegen, wenn die Leute mich fragen, was ich für ein Hobby habe neben meinem Beruf. Meistens knobele ich da auch abends noch irgendwelche Sachen aus. So'n Job ist ja nicht um 17 Uhr zu Ende. Und wenn mich jemand anruft, und ich sitz im Büro, und er fragt mich, wo ich bin, sag ich schon: Zu Hause. Und kochst du hier überwiegend deutsch?

Horst: Hier wird Horst-gekocht, mit Produkten aus der Region. Erzähl mal von New York, da war ich noch nie.

Büssow: New York ist die tollste Stadt der Welt, weil da die Welt zu Hause ist. Man muss nur einen richtig guten Job haben, um in New York leben zu können. Mit meinem Gehalt käme ich da nicht weit. Komm doch mit nach New York!

Beide entwickeln eine Vision: Horst kocht mit seinem mobilen Herd auf der Fifth Avenue. Eine schöne Vorstellung.

Büssow: Darf ich noch ein Stückchen haben?

Horst: Nimm, iss alles auf. Und Prost: Es war schön, dich kennen gelernt zu haben.

Büssow: Danke, gleichfalls.

Den ganzen **Blumenkohl** in Gemüsebrühe aufsetzen, dazu die Schwarte vom Speck und die Knorpel – das gibt einen besonderen Geschmack. Nach dem Aufkochen sofort vom Herd nehmen und ziehen lassen.
Für die **Soße** den in Würfel geschnittenen Speck in Kräuterbutter mit fein gehackten Zwiebeln kurz anbraten. Rucola in groben Stücken dazu und mit Calvados ablöschen.
Crème fraîche obendrauf und auch die Basilikumblätter. Salz, Zucker, viel frischen Knoblauch, fein gehackter Dill und Schnittlauch je nach Geschmack dazu und einreduzieren lassen.
Die **Schweinefilet** in ca. 3 cm dicke Scheiben schneiden. Mit Salz, Pfeffer, Rosenpaprika würzen und mit Senf bestreichen. In einer Ölpfanne kurz anbraten (Vorsicht: der Senf brennt schnell an!). Kräuterbutter obendrauf und im Backofen ca. 10 Minuten garen lassen.
Für das **Möhrenei** die in feine Scheiben geschnittenen Möhren in der Butterpfanne anbraten, die drei aufgeschlagenen und mit Salz und Pfeffer gewürzten Eier darüber gießen und im Backofen schön braun backen.

2000er Alba Romana, Weingut Martin Fürst, Obermosel, Deutschland
Ca. € 5,00 bei rotweiss.

Da Horst Lichter scheinbar unseren Gaumen ständig überraschen und betören will, empfehlen wir einen frischen, Säure betonten Elbling als Pendant. Damit sind wir auf alles vorbereitet und auf der sicheren Seite.

Schweinefilet im leckeren Sößchen

Zutaten für 4 Personen:

2 Schweinefilet
1 Bund Basilikum
150 gr. Rucola-Salat
1 Blumenkohl
150 gr. durchwachsener Speck
1 rote Zwiebel
6 große Möhren
3 Eier
200 gr. Crème fraîche
1 Schnapsglas Calvados
1 Bund Dill/Schnittlauch
Süßer Senf, Salz, Pfeffer, Zucker, Knoblauch, Rosenpaprika

Marie-Luise Smeets

„Uns Marlies" nennen die Düsseldorfer sie liebevoll, und bringen damit auf den Punkt, was Marie-Luise Smeets immer war und ist: Eine von ihnen, eine Volksnahe, Bodenständige, eine, die sich nicht von der Politik „verbiegen" lassen will, wie sie 1990, drei Monate nach der Wahl, die sie zur Bürgermeisterin machte, in einem Interview mit der Rheinischen Post bekundete. Das ist ihr bis heute gelungen. Scheinheiligkeit und Verlogenheit in der Politik seien ihr zuwider, sagte sie zur gleichen Zeit anderenorts, und alle politischen Lager bescheinigen ihr Mut, Unerschrockenheit, Aufrichtigkeit, Energie, Lebensnähe und die Fähigkeit, Kopf und Bauch in effektiven Gleichklang zu bringen. Dennoch und ohne Ellenbogen schaffte sie es, immer und überall die erste zu sein: die erste weibliche kaufmännische Auszubildende, Industriekauffrau, Abteilungs- und Hauptabteilungsleiterin bei der Rheinischen Bahn AG; die erste Fraktionschefin im Rat der Stadt Düsseldorf, die erste Bürgermeisterin und – von 1994 bis 1999 – die erste Oberbürgermeisterin. Die verlorene Kommunalwahl hat sie längst verwunden; sie genieße es, sich ihre Termine nun selbst aussuchen zu können und mehr Zeit für sich zu haben, sagte sie schon kurz nach der Wahl der Presse. Marlies Smeets wurde am 27.2.1936 in Düsseldorf geboren; und sie, die aus finanziellen Gründen kein Abitur machen und studieren konnte, kümmert sich heute um das Wohl der Armen in der Stadt: Statt Geschenken erbat sie zu ihrem 65. Geburtstag Spenden für das Café Grenzenlos, in dem Obdachlose für wenig Geld eine richtige warme Mahlzeit bekommen. Uns Marlies bleibt eben uns Marlies – auch als zweite Bürgermeisterin.

„Du bist wie meine Mutter"

„Die möchte auch noch die Welt aus den Angeln heben!" strahlt Horst, kurz nachdem er mit seinem heutigen Gast Marlies Smeets seine Runde durch die Oldiethek gedreht hat. Als die Düsseldorfer Bürgermeisterin eine halbe Stunde vorher die Scheune betrat, wollte sie sich sofort, ohne Verzögerung und Umschweife, alles anschauen. Wie alle Gäste ist auch sie beeindruckt, und fröhlich plaudernd kehren sie und Horst in die Küche zurück. Ihr Kommentar: „So was wie hier findste ja nicht mehr. Sonst nirgendwo mehr. So'n geregeltes Chaos hab ich noch nirgendwo gesehen." Horst freut sich über ihre direktes, ungekünsteltes Wesen - und kommt dann schnell zur Sache, denn die Bürgermeisterin muss schon in zwei Stunden wieder in Düsseldorf sein – Termine!

Horst: Ich hab mir auch was ganz Leckeres ausgedacht, was wir zwei jetzt kochen.

Smeets: Ich denk, ich hab schon vorgegeben, was wir kochen? Also, hör mal, das ist von meiner Mutter wirklich ein Super-Rezept! Ich hab mir extra etwas nicht so gourmetmäßiges einfallen lassen.

Horst: Das wollen wir auch nicht. Aber leider gibt es keinen Wirsing mehr. Die Wirsing-Zeit ist vorbei.

Smeets: Mai-Wirsing gibt's doch! Die Kohlrouladen, die hat meine Mutter immer so super gemacht.

Marlies Smeets Lieblingsessen – nach einem Rezept ihrer Mutter: Meine Mutter hat Gehacktesteig gemacht, wie für Frika-Brötchen: Nur Rindfleisch oder gemischtes Hackfleisch, Ei, Semmelbrösel, Pfeffer, Salz, Zwiebeln. Der Teig wird also genauso angemacht, als würde man Frikadellen zubereiten. Dann wird der Teig länglich geformt, in große, blanchierte Wirsingblätter eingewickelt und mit einem Kördelchen drum herum festgeschnürt. Geht eigentlich ganz schnell. Wenn Wirsing übrigbleibt, kann man diesen prima mitschmoren. Dazu gibt es Salzkartoffeln – wunderbar!

Horst: Wir machen etwas sehr Ähnliches, sehr Artverwandtes. Auch bei uns gibt es Kartöffelchen und das, was wir einpacken, ist Fleisch und dazu gibt's eine ganz leckere Soße. Ich habe Schweinerücken geholt, ganz mager, den werden wir hauchdünn schneiden, schön lecker würzen und mit Senf einschmieren. Dann habe ich ganz dicke Porreestangen und Spitzkohlblätter, darin wickeln wir das Fleisch ein, schnüren es schön fest, dann kommen die Röllchen in den Backofen. Dazu gibt es noch Kohlrabi, die werden wir heute mal in Butter braten.

Smeets: Auch lecker. Bestäuben wir die Kohlrabi so ein bisschen mit Paniermehl?

Horst: Nee, aber mit Paniermehl habe ich auch noch was vor: Die Kartoffeln, die werden wir kochen, panieren und dann in Butter braten. Und dann haben wir, glaube ich, schon was ganz Außergewöhnliches zusammengebrasselt, was es so noch nicht gibt. Ich entwickle aus den Rezepten meiner Gäste immer neue Gerichte, und das ist was richtig Jeckes. Und alles, was dir dann einfällt, sagst du mir, und dann machen wir das so, wie's dir gefällt. Da musst du kreativ tätig werden.

Smeets: Das fällt mir schwer, aber wir wollen mal gucken.

Die beiden lachen sich an und mögen sich. Horst stellt da ein gewisses Temperament in der Bürgermeisterin-„Äugelchen“ fest, und sie antwortet, dass es ja auch furchtbar wäre, wenn sie das nicht hätte. Wandelnde Schlaftabletten gebe es schon genug. Horst meint, da sie ja eine erfolgreiche Politikerin ist, sei sie sicher eine typische Karrierefrau. Marlies Smeets bestätigt das, betont aber, dass sie nie Quoten gehabt habe: „Ich hatte keinen Naturschutz. Ich musste immer kämpfen. Zu der Zeit, als ich anfing, gab's die Quote nicht und da musste ich also wirklich hart überzeugen und auch wesentlich mehr bringen als die Männer.“ Und das sei damals noch härter gewesen als heute, da der Boden noch nicht so bereitet war. Aber sie habe immer gern gekämpft und das habe ihr auch Spaß gemacht. Horst bewundert sie dafür, dass sie das alles nie verbittert habe, und erzählt, dass auch seine Jahre in der Oldiethek – 12 an der Zahl – nicht immer leicht gewesen seien, was Marlies Smeets ihm gerne glaubt. „Die Leute haben alle gesagt, der ist verrückt, der hat von den Krankheiten was zurückbehalten, was macht der denn da? Und dann die Behörden. Du musst ja erst mal alle überzeugen, dass das ehrlich ist, was du da machst. Nachbarschaft, angebliche Freunde, Bekannte." Die Bürgermeisterin weiß genau, wie's läuft: Wenn man dann erst mal etabliert sei, dann sei das alles kein Problem mehr. Beide behaupten von sich, in dieser Hinsicht nachtragend zu sein und nicht zu vergessen, wer in den schlechten Zeiten nicht nett zu ihnen war.

Smeets: Da habe ich auch ein Gedächtnis wie ein Elefant. Als ich Oberbürgermeisterin war und ein höheres Tier, da waren auch Leute freundlich zu mir, die vorher nur ganz mühsam die Zähne auseinander bekamen, und die habe ich mir alle gemerkt und vor die Wand laufen lassen als ich OB war, und auch heute. Ich brauch die nicht. Ich hab mich nie von der Politik abhängig gemacht. Ich hätte nicht in die Politik gehen müssen. Ich hab mir das ausgesucht. Mich hat keiner getrieben oder gezwungen. Ich hatte einen Abschluss von der Frauenoberschule, so hieß das damals in den 50er Jahren, also altsprachliches Gymnasium, wollte gerne Abitur machen, aber als ich zur Schule ging, kostete das Schulgeld, Fahrgeld, Büchergeld, und meine Mutter ist mit arbeiten gegangen, damit wir bauen konnten, weil wir nicht so gut wohnten. Und dann haben meine Eltern gesagt: Entweder wir machen das jetzt alle zusammen, du gehst von der Schule und kannst kein Abitur machen oder du machst weiter, und dann können wir solange halt nicht bauen. Und dann habe ich eingewilligt, die Schule zu verlassen, war aber sehr enttäuscht, denn ich hätte gerne Abi gemacht. Ich wollte Journalistin werden, das glaubt mir heute keiner mehr, aber es ist so. Und dann habe ich Industriekauffrau gelernt.

Horst: Politik hab ich immer gesehen aus der Perspektive des normalen Bürgers. Und das hat sich erst geändert, als ich hier mit Jürgen Büssow gekocht habe. Das ist ja ein ganz toller Typ, so wie ich den kennen gelernt habe. Und den habe ich auch nach der Politik gefragt. Ich war mal im Betriebsrat der Rheinbraun, das war Politik im Kleinen.

Marlies Smeets findet, das sei keine kleine, sondern eine große politische Aufgabe. Horst erzählt von seiner Enttäuschung über „das ganze Gehabe und Geschiebe, bei dem es nur um Pöstchen ging und nicht um das, was man eigentlich machen sollte. Ich bin da wieder raus und hab den Betriebsrat gestürzt. Man sollte sich Stimmen kaufen, da habe ich gesagt, das mache ich nicht mit, und habe danach sehr gelitten in dem Betrieb, aber das war mir die Sache wert. Der Jürgen Büssow, unser Regierungspräsident, der hat mir was gesagt, das hat mich wirklich beeindruckt. Bei den Politikern sei es wie bei den Köchen: Man sieht immer wieder nur die gleichen Dinge, aber es gibt viele Rezepturen, um ein Ziel zu erreichen, und es gibt Köche, die machen aus Zutaten ein sehr wohlschmeckendes Gericht und andere machen aus hervorragenden Zutaten ein ganz schlechtes."

Smeets: Und deshalb darfst du auch nie den Fehler machen, dass du Politik mit Menschen vergleichst. Entweder du tust was für die Sache, weil du von der Sache überzeugt bist, und dann darfst du dich auch nicht entmutigen lassen, wenn es mal Menschen gibt, ob in der Politik oder wo auch immer im wirklichen Leben, die dann eben diesem Ideal nicht entsprechen. Ich hätte schon x-mal auch die Brocken hinschmeißen können, weil mich Menschen enttäuschen oder meine Partei oder weiß der Teufel wer. Ich hab mir immer gesagt, kämpfe für die Sache und vor allen Dingen: Für die Menschen in Düsseldorf, ganz bestimmten Menschen, die deiner Hilfe bedürfen. Das ist das Wichtige und das hat mich immer wieder nach vorne getrieben.

Horst: Da haben wir was gemeinsam. Ich liebe meine Gäste. Für mich gibt es nichts Schöneres, als wenn abends die Leute hier rausgehen und glücklich sind. Hier ist es ja was anderes als in einem „normalen" Lokal, hier habe ich mit meinen Gästen ja Kontakt. Und wenn sich abends die Menschen bei mir bedanken und sagen: Nee, Horst, was haben wir gelacht, dann ist der ganze Ärger vergessen. Aber wenn wieder alles schief läuft, Post vom Finanzamt, und da läuft was falsch und hier ist was kaputt, oder wenn du kein Personal findest. Doch dann ist wieder der Abend da, die Gäste kommen, das ist wie bei Künstlern, du gehst auf die Bühne, und sagst: Hallo, Ihr Lieben, und dann geht es los, und dann ist es schön.

Smeets: Viele Menschen in Düsseldorfer Stadtteilen brauchen wirklich Hilfe! Wir wollen ja nicht das große Gefälle zwischen den Stadtteilen haben, wir müssen da auch für einen Ausgleich sorgen. In manchen Stadtteilen müsste man dringend was tun, und da passiert nichts, und in anderen müsste man nichts tun, und da wird aber was getan, weil hier eben politische Mehrheiten zu gewinnen sind. Du musst die Lebenssituation der Menschen vor Ort verbessern. Es gibt in Düsseldorf Kinder, die hungern. Lehrer erzählen uns, dass die Kinder hungrig in die Schule kommen, weil die Eltern kein Geld für Essen haben.

Horst: Das wäre doch die Idee für die Versteigerung meines alten Herdes. Ich habe nämlich einen neuen Ofen geschenkt bekommen. Ich möchte den alten, mit dem ich 15 Jahre gebrasselt habe, versteigern. Aber für etwas, wo ich sehe, dass es gut ist. Das ist doch auch eine vernünftige Bindung: Kochen, Ofen, Essen. Kann man nicht noch irgendwie eine Küche organisieren, wo die Kinder was zu essen kriegen?

Marlies Smeets' Restauranttipp: Café Grenzenlos

Hier kann man mittags etwas Gutes tun, indem man einfach nur hier isst: Im Café Grenzenlos auf der Kronprinzenstraße mitten in Bilk. Da gibt es mittags eine Suppe, ein Hauptgericht und einen kleinen Nachtisch, und das schmeckt prima. Wenn man da essen geht, dann sieht man, dass die Leute das nötig haben. Die zahlen vier Mark für ihr Essen; Normalverdiener das Doppelte. Das ist immer noch geschenkt. Der Koch, der hier auf der Basis von Arbeitsbeschaffungsmaßnahmen arbeitet, ist sehr engagiert. Das Café Grenzenlos, das sich auch Restaurant für Arm und Reich nennt, braucht im Monat 30.000 Mark, um bestehen zu können. Je mehr Leute kommen, desto besser.

Marlies Smeets berichtet, dass es so etwas bereits gebe, und erzählt vom Restaurant für Arm und Reich. Horst ist selig, dass er nun einen passenden guten Zweck für seine geplante Versteigerung gefunden hat, und macht sich noch einen Kopf, wie und mit wem man den Ofen am besten versteigert, damit auch möglichst viel Geld damit reinkommt. Auf jeden Fall muss es ein Mindestangebot geben, da ist er sich mit Marlies Smeets einig. Horst erzählt, dass das, was in seinem Restaurantbetrieb übrig bleibt, von der evangelischen Kirche abgeholt wird, die das Essen dann an Obdachlose und Landstreicher verteilt.

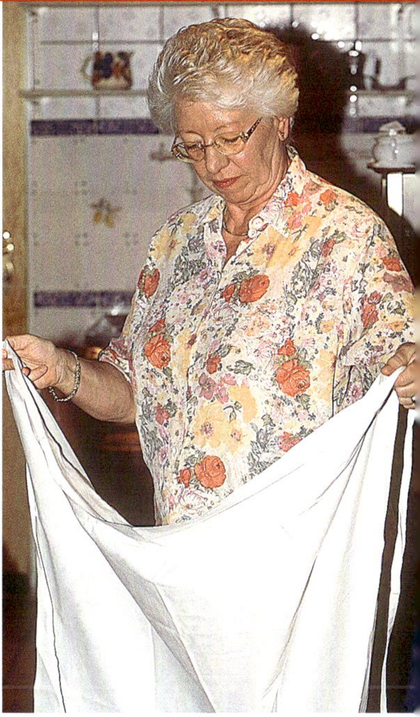

Dann machen sich die beiden ans Werk, wobei die Bürgermeisterin, ganz „uns Marlies“, meint, dass sie bereit

sei, auch die groben Arbeiten in der Küche zu machen. Darauf Horst: „Du bist wie meine Mutter. Optisch seid Ihr irgendwie artverwandt, und dann auch so. Wenn die zwei Tage Ruhe hat, ist sie schon unzufrieden." Marlies Smeets bindet sich die Schürze um, sagt entschlossen: „Alles klar!", und los geht's. Horst setzt als erstes die Kartoffeln auf und schneidet das Fleisch. Marlies Smeets schält Kohlrabi, ganz geschickt und fix. Sie bevorzugt das kleine, alte Küchenmesser, obwohl auch zwei neue blitzblanke vor ihr liegen. Sie erzählt, dass sie gern kocht, wenn sie Zeit dafür hat. Und während sie so schnippelt, erinnert sie sich an früher.

Smeets: Wenn meine Mutter gekocht hat, da habe ich bei ihr immer viel abgeguckt, macht man ja so, und dann war ich ja in dieser besagten Frauenoberschule, wo wir auch Kochen als Unterrichtsfach hatten, neben Englisch, Französisch und allem. Da hast du aber nur Sachen gekocht, die du zu Hause nie gekocht hast. Béchamel-Kartoffeln zum Beispiel. Wer die blondesten Béchamel-Kartoffeln hinkriegte, der hatte gewonnen, der kriegte die beste Note. Das meiste habe ich von meiner Mutter gelernt. Das fand ich auch immer sehr schön, wie die gekocht hat. Die hat zwar alles sehr fett gekocht.

Horst (ganz keck): Tja, das tue ich auch gerne.

Smeets: Das sehe ich immer im Fernsehen, wo du überall Butter dran knallst. Ich habe das ja schon öfter gesehen, deswegen weiß ich auch, dass es bei dir immer Bütterchen heißt und Zwiebelchen und Äpfelchen und lecker Bierchen. Vorige Woche hast du auf irgendwas drei so dicke Stücke Butter draufgetan. Meine Mutter hat das auch gemacht. Die hat Speck mitgekocht in Erbsen- oder Linsen- oder Bohnensuppe und dann hinterher noch Speck ausgelassen mit Zwiebeln und das auch noch reingetan.

Schon sind die Kohlrabi geschält, und Marlies Smeets trennt als nächstes die „Mäntelches", wie Horst sagt, vom Lauch ab, streng nach seiner Anweisung. Denn darin soll ja später das Fleisch eingewickelt werden.

Horst: Hast du denn bei all deinem Stress noch irgendwelche Hobbys?

Smeets: Ja, ich kegele seit 37 Jahren in einem Damenkegelclub. Wir Frauen sind zusammen groß geworden, haben ein unheimlich tolles Verhältnis untereinander, und keinen Knatsch wie das ja sonst vielfach bei Frauen so ist. Und ich spiele Boule, seit zwei Jahren.

Horst findet, Boule höre sich französisch an und schwer, und Marlies Smeets erklärt ihm das Spiel: „Du wirfst das Schweinchen, also die kleine Kugel weg.“ Horst hat da wohl was missverstanden, und findet, dass Boule gut zu seinem Beruf passe: „Wer das Schwein am weitesten weg wirft, hat gewonnen.“ Großes Gelächter. Die Bürgermeisterin stellt fest, dass sie nicht viel Zeit für Boule habe, aber das bedaure sie nicht, denn wer zuviel freie Zeit habe, der komme eh nur auf dumme Gedanken. Während Horst noch erzählt, dass er vor kurzem für den WDR wegen der Sendung „Big Diet“ Baby Burger gekocht habe,

Baby Burger: Man nehme Kartoffelscheiben, gekocht, darauf eine ganz winzige, dünne Frikadelle, so ne ganz saftige mit ganz vielen Zwiebelches drin, eine Tomate drauf, die ganz dick mit scharfem Senf bestrichen wird. Dann alles mit Käse überbacken. Das werden dann kleine Häppchen, die kann man so zwischendurch essen.

naschen die beiden erst mal an den rohen Kohlrabi, die Horst inzwischen in kleine Scheiben geschnitten hat.
Dann erläutert Horst, wie er dekoriert und präsentiert seine Gewürzmischung, die er für Fleisch und Fisch gleichermaßen verwendet: Salz, Pfeffer, Rosenparika. Damit würzt er das Schweinchen. Marlies Smeets fragt ihn, ob er den Beruf des Koches erlernt habe. Horst, Kohlrabi kauend: „Das war von Anfang an mein Traumberuf.“ Er erzählt von dem kleinen Hotel-Restaurant, indem er lernte, und seinem strengen Chef. Seine Co-Köchin hört gebannt zu. Dann demonstriert Horst, wie er sich die Röllchen vorstellt: Das gewürzte Fleisch wird in den Spitzkohl eingewickelt, die Lauch-„Mäntelches“ werden dick mit süßem Senf bestrichen (den mag Düsseldorfs Bürgermeisterin natürlich besonders gern) und noch mal um das Spitzkohlpäckchen gewickelt; dann wird alles fest geschnürt. „Das ist aber ne knösselige Arbeit“, findet Marlies Smeets und kämpft mit Fleisch, Spitzkohl und Lauch, nicht ohne dem Schweinchen noch ein bisschen Fett abzuschneiden – heimlich, still und leise, damit Horst es nicht sieht.

Smeets: Letzten Samstag, da war ich mal wieder im „Füchschen“, ein Eisbein essen, das habe ich schon seit Jahren nicht mehr getan. Ich hatte da so'n Japp drauf. Ich schneide allerdings auch da das Fett ab, dieses Quabbelzeug da drum herum,

aber der Rest, herrlich. Ich gehe aber auch gerne schick essen. – Jetzt hätte ich fast hier den Senf vergessen. Das geht nicht, dann fragt mich der Chef nachher: Warum schmeckt das so lahmarschig?

Horst: Sieht ja gar nicht schlecht aus, was wir bis jetzt gemacht haben. Und jetzt noch ein Stückchen Bütterchen. Darf ja bei mir nie fehlen.

Smeets: Ich weiß. Mamma mia.

Horst: Riecht das lecker. Wisst Ihr, was man als aller erstes entwickeln müsste? Ein Geruchsbuch. Das schlägt man auf, und man kann das Gericht riechen. Da müsste man aber auch Tücher dazu verkaufen, um immer den Mund abzuputzen. Ab in den Backofen mit dem Schwein. Geht ja schnell in meinem Kohleofen. Ich hatte mal eine ältere Dame hier, die war bestimmt schon über 80, und die schaute mir die ganze Zeit intensiv zu, wie ich hier gekocht habe, und dann rief sie mich zu sich und sagte: Junger Mann, wissen Sie eigentlich, dass es auch Elektroöfen gibt? Die konnte das nicht verstehen, dass ich gerne mit einem Kohleherd koche.

Horst dünstet die Kohlrabi in Butter und reibt ordentlich frischen Muskat darüber. Marlies Smeets paniert die Kartoffeln: Nach Horsts Anweisung wälzt sie sie im Paniermehl, dann in Ei. Bei Fleisch, da sind sich beide einig, geht die Reihenfolge natürlich anders: Mehl, Ei, Paniermehl. Nach den rohen Kohlrabi naschen die beiden jetzt auch nackte, gekochte Kartoffeln. Marlies Smeets findet die Kartoffeln vom Geschmack her sehr gut, und Horst erzählt, dass sie vom Bauern nebenan sind.

Smeets: Glaube ich. Die haben ja hier auch ganz gute Böden, die Kartoffeln müssen ja gut sein. Kartoffeln mag ich in allen Varianten. Selbstgemachtes Kartoffelpüree, herrlich. Mit Milch und Butter aufgeschlagen – ich kann echt nicht verstehen, warum die Leute sich so Päckskes kaufen.

Horst: Die meisten Leute haben heute keine Zeit mehr. Meine Mutter hat noch jeden Tag mittags gekocht, das gab es gar nicht anders. Die Frauen heute arbeiten halt.

Smeets: Bei uns wurde abends gekocht. Ich hatte eine Woche morgens Schule und eine nachmittags, und wenn ich morgens Schule hatte, musste ich nachmittags kochen bzw. schon mal alles vorbereiten. Wenn meine Mutter dann kam, hat sie gekocht.

Die beiden brutzeln noch die Kartoffeln schön goldbraun, und dann ist auch das Schweinchen gar, die Kohlrabi knackig gedünstet, das Essen fertig. Kohlrabi, da sind sie sich wieder mal einig, essen sie wie Kartoffeln in jeder Form gern, auch paniert. Aus den Resten des Paniermehls und einem Ei macht Horst noch ein „falsches Schnitzelchen“, damit nichts umkommt.

Smeets: Bei uns in den bürgerlichen Lokalen, im „Füchschen" oder im „Schumacher", da gibt es noch die alten Gemüsesorten. Stielmus, Spitzkohl, Maiwirsing, „bürgerlich" heißt das ja heute vornehmerweise, früher sagte man „untereinander". Lecker. Oder auch Möhren bürgerlich. Oder Steckrüben im Winter. Oder Mangold, Blätter und Stiele. Die Italiener panieren die Stiele ja auch.

Horst: Viele der jungen Köche entdecken die alten Gemüse ja wieder. Bloß die gehen teilweise hin und vermodernisieren das zu sehr. Noch so'n kleines Eckchen Butter schadet da gar nichts.

Klatsch – ordentlich Butter kommt noch an die Kartöffelches - wie man es von Horst so kennt. Marlies Smeets sucht einen Tisch aus, an dem die beiden gleich essen. Horst summt zufrieden ein Liedchen und holt zwei Bierchen. Nachdem alles auf dem Tisch steht, stoßen die beiden an.

Smeets: Die gebratenen Kohlrabi, köstlich.
Horst: Das mache ich auch mit Sellerie.
Smeets: Mmmh, ja, ich auch. Machst du die auch mit Paniermehl?
Horst: Nee, nur so in Butter. Der kriegt dann so einen süßlichen Geschmack. Wir können doch zufrieden mit uns sein, oder?
Smeets: Ja, lecker. Zum Wohl. Für die groben Arbeiten war ich doch gut?
Horst: Ja, und vor allem schnell. Prost.
Smeets: Ich bin immer schnell.

Schnell wird auch gegessen – in Düsseldorf steht schließlich gleich ein weiterer Termin für die Bürgermeisterin an. Zum Genießen, so schreibt sie ins Gästebuch, komme sie ein andermal wieder. Dann, so verspricht Horst, macht er ihr zum Nachtisch etwas aus Marzipan, weil sie das beide so gerne mögen.

Kohlroulade ohne Kohl

Zutaten für 4 Personen:

500 gr. Schweinerücken
1 großer Spitzkohl
4 dicke Stangen Porree
400 gr. Kartoffeln
50 gr. Butter
50 gr. Kräuterbutter
2 Kohlrabi
3 Eier
süßer Senf, Paniermehl
Salz, Pfeffer, Rosenpaprika, Muskat

Schweinerücken in dünne Scheiben schneiden, würzen und in die blanchierten Spitzkohlblätter eindrehen.
Porreeblätter in ca. 10 cm lange Streifen schneiden, mit Senf bestreichen, um die Spitzkohlblätter wickeln und mit einem Bindfaden zuknoten. Danach mit Kräuterbutter bedecken und ca. 15 Minuten bei ca. 200 Grad im Backofen backen.
Kartoffeln schälen und knackig kochen. Anschließend in dicke Scheiben schneiden und in Ei und Paniermehl wenden. Kurz vor dem Anrichten in einer Öl- oder Butterpfanne braun backen.
Kohlrabi schälen, in feine Streifen schneiden und in Butter ausbacken.

wein für alle! rotweiss

2000er Barthenau Vigna Santa Michele,
J. Hofstätter, Alto Adige DOC (Südtirol), Italien
Ca. € 10,00 bei rotweiss.

Aus einer der schönsten, alten Rebanlagen Südtirols stammt dieser aromatische und fruchtige Weißwein. Ein einzigartiger gemischter Satz von Weißburgunder und Chardonnay. Das passt auch zu „ohne Kohl“.

Manfred Kronen

In beinahe jedem Porträt, das über Manfred Kronen geschrieben wurde, ist von seinem Lachen die Rede. Der Chef der IGEDO COMPANY lacht viel, gern und ausgiebig „und nimmt sich für das Lachen auf dem Weg zu einem ernsten Wort viel Zeit", wie Katja Aschke treffend in DIE ZEIT formulierte (30.7.1993). Viel Zeit nimmt er sich auch für sein Manoir in der Normandie, wo er, wie er selbst sagt, möglichst viele Wochenenden und seinen Jahresurlaub verbringt, und für das Kochen und Einkaufen. Das Kochen ist seine ganz große Leidenschaft. Der Mann, der seit 36 Jahren Düsseldorfer Modemessegeschichte schreibt, bewirtet gern zu Hause liebe Gäste und bekocht sie mit den raffiniertesten Leckereien. Lachen, kochen, essen, reisen – Manfred Kronen genießt sein Leben. Ärgern tut er sich nie, sagt er. Denn die Arbeit ist hart genug: 1965 stieg der studierte Jurist als 29-Jähriger in das Unternehmen seines Vaters, IGEDO, ein. Und obwohl er keine Mode macht, sondern umsatzstarke Modemessen – seit langem die größten der Welt – gilt er als der Mann, dem Düsseldorf das Attribut „Modestadt" zu verdanken hat. Manfred Kronen, der im Jahr 2001 65 Jahre alt wurde, denkt noch lange nicht ans Aufhören. Er ist in zweiter Ehe verheiratet und hat, wie er sagt „ein Kind, alles Jungens", also einen längst erwachsenen Sohn.

Plastik, gar nix fantastik

Zwei Männer, drei Themen: Essen, Kochen, Autos. Frankophilie und Bekenntnisse: Düsseldorf ist eine schöne Stadt, besonders wenn es um's Essen geht. Eine Koch-Session, bei der Horst alle seine Plastikschüsseln los wird – und das „H" in seinem Vornamen. Manfred Kronen, so stellt Horst am Ende fest, war sein allerprofessionellster Kochgast – und sicher auch der anspruchsvollste. Und kaum jemand hat so viel gelacht wie er. Manfred Kronen ist extra einen Tag früher aus Paris zurückgekommen, um mit Horst Lichter zu kochen. Wie allen anderen Gästen auch, zeigt Horst ihm erst mal die gesamte Oldiethek – so auch den Garten, der ja noch ein Provisorium ist. Hier will Horst nach eigenem Bekunden noch ganz viel investieren – vor allem für eine neue Bestuhlung sorgen, sagt er mit unzufriedenem Blick auf die herumstehenden weißen Plastikstühle. Kronen stimmt zu, denn er „gehe einfach in kein Restaurant rein, das diese hässlichen weißen Plastikstühle hat, und wenn die Inhaber sich auf den Kopf stellen. Die Stühle müssen weg."

Manfred Kronen lacht bei seinen Worten, lässt aber keinen Zweifel daran, dass er es todernst meint. Horst erzählt von dem schönen alten Kirchenchorgestühl in seinem Fundus, dass gerade bearbeitet und demnächst hier aufgestellt werde. Und zuckt entschuldigend die Schultern: Der Garten sei ja noch eine Baustelle. Weiter geht's, vorbei an den Graf-Berge-von-Trips-Devotionalien, und Horst berichtet von seiner Liebe zu seinem Idol, zur Formel I und zu Ferrari. Manfred Kronen ist mit dem Rheinisch-Westfälischen Automobil-Club zwar schon mal in Modena gewesen, aber ein Ferrari-Fahrer sei er überhaupt nicht:

Kronen: Ich bin eigentlich ein fauler Mensch, und auf Autos, die häufiger mal kaputt gehen, da habe ich einfach keinen Bock. Bei mir muss ein Auto einfach nur funktionieren. Ich würde gerne mal einen Ferrari fahren, aber anschaffen würde ich ihn mir nicht. Wenn man da mal einen Platten hat, muss man zwei, drei, vier Monate auf die Reifen warten, das ist nichts für mich.

Horst: Das ist heute aber nicht mehr so. Ich hab schon zwei Ferraris besitzen dürfen. Ich hatte einen alten, so'n richtig heftigen 12-Zylinder, rot, 330 GT Baujahr 65, den habe ich damals sehr preiswert von einem Freund kaufen können, der nach Kanada ausgewandert ist. Ich habe dieses Auto so sehr geliebt, das kannst du dir nicht vorstellen. Ich habe es damals verkauft, damit ich hier diese Halle erwerben konnte. Das ging vor. Aber die Halle hat wesentlich weniger PS.

Zurück in der Küche, ist Manfred Kronen von Horsts Herd noch beeindruckter als alle anderen Gäste vor ihm. Begeistert, aber auch ungläubig hakt er nach: Auf diesem Herd mache Horst allabendlich 70 Essen à la carte? Er selbst kriege schon die Krise, wenn er mal acht Gäste bei sich zu Hause habe und die gleichzeitig das Gleiche serviert bekommen. Und eine offene Küche habe er auch.

Kronen: Ich rede ja auch öfter mal mit Großgastronomen, und die erzählen mir dauernd, dass sie wieder hier und da ein nagelneues Restaurant eröffnen müssen mit ganz viel Schnickschnack. Die denken alle, ein gutes Restaurant könne man nur machen, wenn das Drumherum edel designt ist. Ich sage dann immer: Den Gast, den interessiert in erster Linie, was auf dem Teller ist und nicht, was unter dem Teller ist. Ein Restaurant muss Atmosphäre haben, die Leute müssen sich wohlfühlen, und das Essen muss gut sein.

Horst: Weißt du, womit das anfängt? Die meisten Gastronomen denken als erstes ans Geldverdienen. Das ist falsch. Wenn du zum Beispiel ins Ausland fährst und entdeckst ein wunderhübsches kleines Lokal, wo ehrlich gekocht wird, wo die Menschen nett sind...

Kronen: Da weiß ich eins für dich. In Trouville. Genial. Dorthin musst du einfach mal fahren. „Les quatres chats" heißt das, die vier Katzen. Das ist dieselbe Philosophie. Dort kommst du rein, die Küche ist mitten im Laden, die Leute sitzen um die Küche herum, und wenn du zwei Jahre ab und zu dahingekommen bist oder drei – ich gehe ja jetzt schon zehn Jahre dahin – dann kriegst du einen hölzernen Serviettenring, den darfst du bemalen und dann zurückgeben, und dann kriegst du immer deine Stoffserviette drin. Die werden in einem Regal am Eingang aufbewahrt. Es gibt keine Speisekarte, aber Kreidetafeln. Und einen Weinkeller,

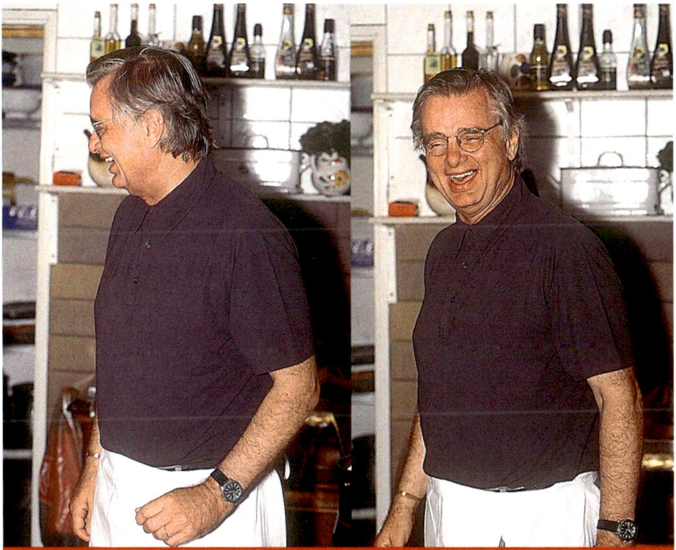

Manfred Kronens Restaurant-Tipp

„Les quatres chats", 8 rue d'Orléans, F 14360 Trouville,
Tel. 00 33-(0)2 31 88 94 94, Fax 2 31 88 24 41

der ist sensationell. Und zwar nicht nur auf teuer gemacht. Die Weine sind gut und preiswert. Und alle Leute sind Stammgäste. Wen ich da schon alles getroffen habe. Wirklich, es kommen die tollsten Leute hin, sitzen ganz normal in der Ecke und freuen sich. Und die kochen auch so richtig französische Landküche – keine Nouvelle Cuisine. Da hast du ordentlich was auf dem Teller. Der macht Bratkartoffeln, die sind so genial.

Horst: Du magst also Kartoffeln. Das trifft sich ja! Weil ich mir auch was mit Kartöffelchen überlegt habe. Aber was ich zu essen mache, erzähle ich gleich. Guck mal, wer bei mir schon alles war. Du wirst wahrscheinlich einige Freunde wiederfinden.

Kronen: Die Leute werden in so einer Umgebung ja automatisch einfach. Die prominentesten Typen, die sonst eklig sind, werden, wenn sie sich nicht mehr produzieren müssen, auf einmal ganz locker und lustig, weil die merken, hier brauchst du das alles nicht. Die meisten müssen ja immer einen Auftritt inszenieren, wenn Publikum da ist. Und wenn das nichts nutzt, dann werden die auf einmal nett.

Horst kann Manfred Kronens Beobachtungen nur bestätigen und stellt nun endlich sein Essen vor.

Horst: Wir machen heute Steinbeißer, dazu ein schönes Sößchen mit Chicoree, Kresse und frischen Kräutern, ein bisschen Crème fraîche darf da schon dran, denn ich mag es nicht ganz so dünn, dann kochen wir Kartöffelches, ganz normal, aber die werden wir nachher in Butter mit viel frischem Knoblauch und Frühlingszwiebelchen braten. Deshalb kochen wir die Kartoffeln erst mal so, dass sie noch ein bisschen Biss haben. Dazu machen wir Romana und Lollo Rosso-Salat und ein schönes Salatsößchen, und das reicht schon. Da haben wir ein schönes, schnell zu kochendes Gericht, und ich bin mal gespannt, was du nachher dazu sagst.

Kronen: So was Ähnliches habe ich neulich auch gemacht, allerdings nicht mit Steinbeißer. Ich bin ja in Frankreich am Meer, und da kriege ich jeden Tag den absolut guten Fisch. Seezunge und so was. Dort koche ich auch immer schöne, einfache Gerichte. Und dann trinkst du einen anständigen Wein dazu, einen schööööneo Fromage hinterher. Den hätte ich ja eigentlich auch mitbringen können.

Horst hofft, dass dem Weinkenner Manfred Kronen auch sein chilenischer Wein schmecken wird, und gießt ihm gleich einen ein. Co-Koch Kronen bekommt seine Schürze, zieht das Jackett aus und trinkt schon mal ein Schlückchen, das ihm offenbar durchaus mundet. Horst feuert den Herd.

Horst: Ich höre schon raus, du kochst mit Sicherheit sehr, sehr gut. Wenn du also der Meinung bist, Horst, das ist ja ne jecke Idee, die du da hast, aber jetzt machen wir das anders, dann bin ich jederzeit bereit dazu.

Manfred Kronen gesteht, der totale Töpfe-Freak zu sein und schwärmt von Schweizer Kupfertöpfen: „Die haben eine doppelte Wand, innen Stahl und außen Kupfer und dazwischen ist Platz, und die halten die Hitze unwahrscheinlich gut." Horst zeigt ihm eine seiner Pfannen, bei der das genauso funktioniere: „Das ist mit Sicherheit meine teuerste Pfanne, und mit der koche ich am wenigsten. Die hat einen ganz dicken Boden und braucht sehr, sehr lange, bis sie heiß wird, aber wenn sie heiß ist, dann tust du Fleisch rein, stellst sie auf den Tisch, und sie brät weiter." Manfred Kronen liebt es außerdem, auf heißen Steinen zu braten, denn damit könnten sich die Gäste das Fleisch selbst so zubereiten, wie sie es haben möchten, durch oder medium, und das ganz ohne Fett. Horst grinst: „Und du bist natürlich ganz außen vor, wenn die sich das Fleisch selbst versauen." – Die Kartoffeln, die er später noch mit Frühlingszwiebelchen braten will, hat er bereits vorab geschält.

Kronen: Das hätte ich aber auch gemacht. Obwohl, ich schäle die ja nie vorher. Ich pell die immer nach dem Kochen. Wenn ich Tomaten irgendwo brauche, dann halbier ich die, schneide den Kern raus, die Pöppelches oder wie das bei dir heißt, und dann koche ich die mit und ziehe erst dann die Schale ab. Das geht dann ganz leicht. Wenn du die vorher blanchierst, dann geben die schon zu viel Geschmack ab.

In der Tat, Manfred Kronen versteht was vom Kochen. Und zwar so richtig. Die beiden fachsimpeln, was der Küchenkram hergibt, und der Modemesse-Chef zerkleinert das Gemüse, dass es jedem Chefkoch eine wahre Freude wäre - nicht, ohne es vorher gründlich unter fließendem Wasser gewaschen zu haben.

Horst demonstriert die Funktionalität seines Mise en Place. Das findet Manfred Kronen perfekt, fragt nach, ob er die Frühlingszwiebeln in kleine Ringe schneiden soll, und Horst stellt fest: „Dem Mann muss man ja gar nichts erklären, der weiß ja auch so, wo alles ist und wie alles geht.“ Co-Koch Kronen lacht und schnippelt. Natürlich möchte Horst gern wissen, wie so ein vielbeschäftigter Mann wie der Düsseldorfer Modemesse-Chef zum Kochen gekommen ist.

Kronen: Durch den puren Hunger! Als Student habe ich schon gekocht. In der Studienzeit kochen die Männer ja mehr als die Mädels. Damals habe ich nach dem Prinzip gekocht: Hauptsache billig.

Horst: Muss ja nicht schlecht sein.

Kronen: Nee, ich bin ja auch wohlgenährt. Aber irgendwie spielt das heute immer noch eine Rolle. Ich hab mir allerdings für heute etwas gewünscht, das ist teuer. Ein Carpaccio vom Loup de Mer zu machen - das ist schon eine Frechheit.

Horst bestätigt das und beide lachen. Ein wenig skeptisch fragt er, ob Manfred Kronen das Carpaccio denn wirklich selbst mache. Der bejaht, nicht ohne Stolz.

Manfred Kronens „Carpaccio de Loup de Mer“

Pro Person einen Loup de Mer von ca. 800 bis 1.000 Gramm. Er sollte bereits vom Fischhändler präpariert sein, denn man benötigt ausschließlich die beiden Filets mit Haut. Wichtig ist, dass der Fisch sehr frisch ist – klare Augen, hellrote Kiemen – und man sollte den Fischhändler darauf aufmerksam machen, dass der Loup de Mer als Carpaccio zubereitet werden soll. Ca. eine Stunde vor dem Anrichten mit einem sehr scharfen Messer die Filets längs in dünne Scheiben schneiden, auf dem Teller anrichten und mit gelben Blättern aus dem Salatherzen und eventuell mit vier kleinen Sherry-Tomaten dekorieren.

Das Fruchtfleisch von Passionsfrüchten mit einigen Tropfen Himbeer-Essig verquirlen und auf das Carpaccio auftragen. Ganz fein geschnittene Brunnenkresse darüber streuen. Bon Appétit!

Kronen: Man muss bloß ein anständiges Messer haben und vor allem einen anständigen Loup de Mer. Und das ist in unseren Breitengraden immer eine Herausforderung. Es gibt einen sensationellen Fischhändler in Düsseldorf: Poisson d'Or Saitto. Der ist sagenhaft billig. Sind das genug Zwiebeln? Oder willst du noch mehr Grün? Okay. Also dieser Fischhändler, der hat auch wunderbaren Thunfisch für Sushi und Sashimi. Und eben nicht so abgeschmackt teuer wie die Japaner. Die Metro ist auch nicht schlecht, aber da kann man nicht handeln. Die haben auch gute Ware, aber es ist absolut abtörnend, in die Metro zu gehen. Der Fischhändler auf der Lessingstraße, der ist Marokkaner, das ist ja dort ein ganzes marokkanisches Viertel, in dem die Menschen auf der Straße sitzen und Domino spielen. Und dieses Fladenbrot, das musst du kaufen. Das ist sooooo groß (er breitet die Arme aus), traumhaft gut, und kostet nur eine Mark. Wenn du da schon reinkommst, das riecht! Am liebsten gehe ich ja auf Märkte. Ich war letzten Samstag in Frankreich wieder auf dem Markt, herrlich. Und heute morgen war ich noch in Paris. Meine Frau ist noch dort geblieben.

Poisson d'Or Saitto, Düsseldorf-Oberbilk, Lessingstraße 4, Tel. 72 40 11.
Öffnungszeiten: Di, Mi, Fr 10-18.30, Sa 9-14 Uhr. Mo und Do geschlossen.

Horst: Paris – Butzheim. Wenn das keine Reise ist. Den Fischladen gucke ich mir an bei meiner nächsten Düsseldorf-Tour.

Manfred Kronen fragt, wo er die geputzten und geschnittenen Zwiebeln hineintun soll, und jetzt wird's richtig spannend. Horst gibt ihm ein Schälchen – aus Plastik. Das kann der Modemesse-Chef gar nicht leiden.

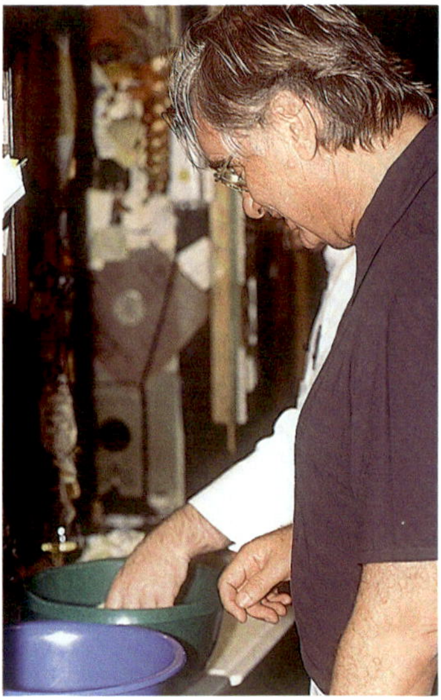

Kronen: Ich hab ja so Stahlschälchen, in die ich immer alles reintue. Ich hasse diese Plastikdinger, die du hier hast. Ich muss leider sagen, ich hasse jede Form von Plastik. Inklusive dieser Pötte. In dieser herrlichen Küche kannst du doch nicht ernsthaft mit Plastikschüsseln arbeiten. Damit kann man sich ja gar nicht fotografieren lassen. Kannst du die nicht zusammen mit deinen Stühlen wegwerfen?

Horst (gespielt kleinlaut): Die habe ich doch jetzt wirklich nur einmal rausgeholt. Ich wollte zum ersten Mal in meinem Leben praktisch sein. Ich tu ja normalerweise immer alles gleich in die Pfanne. Und sonst nehmen wir Tellerches und Pöttches dafür. Die Stahldinger sind mir zu modern.

Kronen: Och, die gibt's auch alt. Aus Russland habe ich schöne Schalen aus bemaltem Holz. Die habe ich gekauft, als Russland noch streng kommunistisch war. Und die verwende ich gern in der Küche. Die sehen auch sehr schön aus. Die Stahldinger sind etwas unromantischer. Aber die funktionieren.

Horst: Ich werd dich jetzt befreien von dieser hässlichen Plastikschüssel. Das kann ich ja nicht mehr anhören.

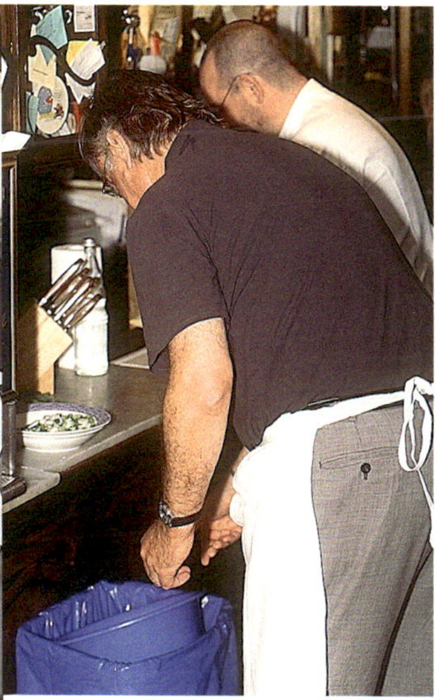

Kronen (versenkt lachend eine knitschblaue Plastikschüssel im ebenso knitschblauen Müllsack): Ich schenke dir jetzt diese Stahldinger. Und dafür will ich das Recht haben, dass ich diese beiden Dinger hier reinwerfen darf. Ich schicke dir die Stahlschüsseln morgen.

„Abgemacht!", sagt Horst, und beide kommen aus dem Lachen nicht mehr heraus. Nachdem sie sich beruhigt haben, schneidet

Horst Speck in grobe Stücke. Manfred Kronen beschwert sich: „Vorhin hast du gesagt, du machst heute nichts mit Speck." Horst grinst und bekennt: „Das war gelogen!" Der Speck sei nur für das Salatsößchen. Das ist okay, meint sein Gast und studiert das Etikett der Balsamico-Flasche, deren Inhalt gleich ans Salatsößchen soll.

Kronen: Es gibt nicht weit von Modena und ganz nah bei Maranello jedes Jahr eine Weinmesse, da gibt es 2.000 Sorten von Balsamico. Das ist unglaublich. Da wird auch probiert. Ich hab einen Balsamico zu Hause, der ist 100 Jahre alt, da nimmst du für so eine Soße weniger als einen Teelöffel voll. Was schmeißt du denn da in den Ofen rein?

Horst: Kerzenstummel. Die dienen als Brandbeschleuniger.

Kronen: Ach, ich dachte schon, das sei auch was zum Essen. Na gut, die Dinger darfst du auch in der Plastikschüssel aufbewahren. Ausnahmsweise. Und wehe, du nimmst die für was anderes. Ich hab Hunger. Man kann ja auch nur kochen, wenn man Hunger hat.

Horst: Ist meine Rede.

Er kramt in seiner Vorratskammer und findet – eine Stahlschüssel! Die darauf vom IGEDO-Chef geäußerte Begeisterung dämpft er gleich wieder: Dies sei wirklich seine einzige Stahlschüssel. Beide probieren die Salatsoße – der Gast gleich sechs Mal – und urteilen: Die ist gut! Jetzt kommt die Soße für den Fisch dran: Kräuterbutter und Zwiebeln in die Pfanne, Chicorée, ganz zum Schluss die Kresse, damit sie knackig bleibt. Manfred Kronen traut sich als erster und einziger Gast selbst an Horsts Herd und die Pfanne; wie ein Profi schüttelt er die vor sich hin dünstenden Zwiebeln. Dann wäscht er die bereits benutzten Utensilien unter fließendem Wasser ab.

Horst: Der Mann ist perfekt. Wann machst du denn ein Restaurant auf? Hoffentlich nie. Sonst habe ich keine Chance mehr.

Kronen: Ich werde nie ein Restaurant eröffnen. Ich koche für Freunde bei mir in der Küche, und wenn die zu fein dafür sind, gehe ich mit ihnen ins Lokal. Nach Hause kann man sich ja nur Leute einladen, die man auch gut kennt. Business zu Hause, das will ich nicht. Wenn ich auswärts esse, tue ich das im Moment gern und regelmäßig im „Vin & Mer" in Düsseldorf. Das ist einfach und gut. Da gibt es nur wenige Fische zur Auswahl und gute Weine dazu, die haben einen Entre Deux Mers, der ist richtig Klasse, für wenig Geld. Samstags nach dem Einkaufen sind wir da besonders gern.

Vin & Mer, Düsseldorf-Pempelfort, Moltkestraße 122, Tel. 4 84 64 79,
Öffnungszeiten: Di-Fr 12-15 & 18-22, Sa 13- 22 Uhr, Küche bis 21 Uhr,
So und Mo Ruhetage

Horst: Also ich werde richtig neugierig auf Düsseldorf. Überhaupt verändert dieses Buch total mein Düsseldorf-Bild. Ich hab immer gedacht...

Kronen: Ich weiß schon. Das was alle denken. Schickimicki. Aber Schickimicki gibt es auch in Dormagen.

Horst: Ja, und ich hab so nette Leute kennen gelernt in Düsseldorf und so viel gehört über Restaurants und Einkaufsmöglichkeiten.

Kronen: Es gibt da ein Lokal in Paris, da war ich gestern Abend.

Horst: Hach, das möchte ich auch mal so sagen können. Ich kann nur sagen: Du, es gibt da eine Arbeitsstelle in Butzheim, da war ich gestern erst noch.

Kronen: Dieses Lokal, da gehe ich jetzt nun hin seit 1963. Seitdem ist da mittags und abends immer eine Schlange vor der Tür. Immer! Da warten die Leute lange, bis sie reinkommen. Das heißt offiziell „Relais de Venise", aber bei den Gästen heißt es nur Entrecôte. Denn da gibt es nur ein einziges Gericht, nichts anderes als Entrecôte. Immer das Gleiche. Du kannst es durch haben oder medium oder blutig, und du kriegst einen Salat dazu, und einen Nachtisch, wenn du willst. Und das ist es. Da haben wir gestern auch wieder 20 Minuten gestanden. Man nimmt dort keine Reservierungen an.

„Le Relais de Venise", Rue Debarcadère. Paris

Horst: So, jetzt bin ich ja mal gespannt, ob dir das Sößchen ansatzweise schmeckt.

Kronen: Jetzt müssten wir so gut mmmmhhhhh machen können wie Biolek. Sehr schön zu dem Fisch. Ich muss aber noch mal probieren.

Manfred Kronen probiert erneut mindestens sechs Mal und ist sehr zufrieden. Jetzt muss nur noch der Fisch zubereitet werden, das geht ja blitzschnell. Horst hat den Fisch mit Salz und Pfeffer und natürlich mit Worcester-Soße gewürzt, das macht er ja immer mit Fisch, und dann hat er ihn noch leicht mehliert. Den Worcester-Soßen-Trick

kennt der Hobby-Koch auch noch nicht, aber das werde er mindestens auch drei Mal probieren, lacht er. „'orst", wie Manfred Kronen ihn mittlerweile, den französischen Akzent imitierend, nur noch nennt, richtet in einer großen Porzellanschüssel an, damit der Messechef nicht denke, er habe nur Plastikschüsseln! Die gefällt dem Gast außerordentlich gut. Horst strahlt erleichtert und verspricht, ihm diese Schüssel zu schenken, im Gegenzug für die Stahlschüsseln, die Manfred Kronen ihm schicken will. Der freut sich und wünscht sich noch ein Geschenk: Schon wieder hat er eine Plastikschüssel in Horsts Küche entdeckt, und die möchte er haben, um sie zu Hause in der eigens für Plastikmüll vorhandenen Tonne zu entsorgen. Beide lachen lauthals. Dann bereitet Horst schon mal die Dekoration für die Speisen vor.

Horst: Ich richte übrigens immer alles an mit den Dingen, mit denen ich auch koche. Es gibt zu jeder Saison ein schönes, preiswertes Gemüse oder Salat dafür.

Kronen: Man sollte ja sowieso nur essen, was saisonal ist. Auf dem Carlsplatz kriegt man immer alles. Du hast gar kein Feeling mehr dafür, was nun eigentlich Saison hat. In Frankreich gibt es das gar nicht.

Horst: Frankreich ist offenbar deine zweite Heimat. Willst du dich dahin ganz zurückziehen?

Kronen: Nee, ganz nicht. Ich verbringe ja möglichst viele Wochenenden und meinen Jahresurlaub in Frankreich, das reicht mir. Ich bin ja auch noch berufstätig. So, ich glaube, die Kartoffeln haben aber jetzt den richtigen Reifezustand erreicht.

Horst: Genau. Da tun wir noch ein bisschen Knoblauch in die Pfanne. Und jetzt den Fisch in die andere Pfanne.

Horst: Achtung, das spritzt!

Kronen: Das macht nichts. Es gibt ja so Siebe, die kannst du auf die Pfanne legen, damit es nicht spritzt. Ich benutz die aber nicht, bei mir darf es ruhig spritzen.

Ein Modemann, der, wenn es um's Kochen geht, sich wenig um seine Bekleidung schert. Das gefällt 'orst. Die Fische brutzeln und zischen in der Pfanne und sind binnen weniger Sekunden fertig. Wieder gerät Manfred Kronen ins Schwärmen: „Der Herd ist wirklich genial!" Endspurt: Horst richtet Kartoffeln und Fisch an, Manfred Kronen geht zur Spüle und wäscht schon mal die Pfannen aus. Horst ist ganz erstaunt darüber, dass sein Gast so ordentlich ist. Der Messechef zuckt die Achseln und meint, dann sehe der Spül nachher nicht nach so viel aus, und schaut sich an, was Horst angerichtet hat.

Kronen: Ja, geil. Dagegen ist Bio eine schwache Veranstaltung. Und erst dieses Wettkochen, dass die da immer im Fernsehen machen, für zwei Mark achtundneunzig, da wird mir immer ganz schwindlig. Die Kartoffeln, die werde ich zu Hause genau so nachkochen.

Es geht zu Tisch. Manfred Kronen legt vor – perfekt, als wäre er jahrelang zur Kellnerschule gegangen.

Horst: Da sieht man die Weltgewandheit. Super. Dankeschön. Da trinke ich doch heute auch mal ein Schlückchen Wein, damit wir auch anstoßen können.

Kronen: Auf den Meister.

Horst: Auf deine Bekanntschaft. Vielleicht kommen und kochen wir noch einmal zusammen. Vielleicht irgendwo anders in der Welt. Von all unseren Gästen für dieses Buch hast du bis jetzt am allerprofessionellsten gekocht.

Kronen: Das macht mir einfach Spaß. Und ich finde Kochen sehr entspannend und sehr kreativ. Und das Einkaufen, das liebe ich wie gesagt auch sehr. Das schmeckt einfach toll. Die Soße, der Fisch – sehr gut.

Die beiden schmausen mit Wonne und sind kurzerhand nur noch bei einem einzigen Thema: Autos. Neue VWs und BMWs finden beide ebenso (ent)spannend wie Kochen und Essen. Bis Manfred Kronen sich verabschiedet, dauert es noch ziemlich lange.

wein für alle!
rotweiss

1998er Château de Castres Blanc, Graves AOC, Bordeaux, Frankreich
Ca. € 12,00 bei rotweiss.

Endlich mal sehen wir „ordentlich Knoblauch“.
Wir begrüssen das sehr! Dahinter verbergen sich aber hohe Anforderungen an den Wein. Der „ordentliche“ Graves passt hier wie Butter zu den Fischen. Kraft, Eleganz und Länge, und wenn alles klappt, Harmonie.

Steinbeißer mit Spezial-Kartöffelchen

Zutaten für 4 Personen:

Ca. 900 gr. (oder 8 Scheiben) Steinbeißer
4 Chicorée
2 Pakete Kresse
500 gr. Kartoffel
1 Bund Frühlingszwiebel
150 gr. Crème fraîche
Sahnemeerrettich
8 Zehen Knoblauch
1 Kopf Lollo Rossa
1 Kopf Romana Salat
1 Zwiebel
50 gr. Speck
50 gr. Butter
1 Bund Dill/Schnittlauch
Olivenöl, Balsamico-Essig, Öl, Salz, Pfeffer, Zucker, Senf, Worcestersoße

Für die **Salatsoße** Olivenöl, Balsamico-Essig, Salz, Pfeffer, Zucker, Sahnemeerrettich, gebratenen Speck, Zwiebelwürfel und die gehackten Kräuter vermengen.
Für die **Soße zum Fisch** den fein geschnittenen Chicorée mit Zwiebeln in Butter andünsten, 2 TL Senf, Sahnemeerrettich, Crème fraîche und die Kresse dazu und einreduzieren lassen. Danach mit Salz, Pfeffer und einer Prise Zucker abschmecken.
Die **Kartoffeln** kochen, in einer tiefen Pfanne die Frühlingszwiebeln mit ordentlich Knoblauch dünsten, die Kartoffeln dazu geben und braun backen. Mit Salz und Pfeffer nachwürzen.
Den **Steinbeißer** mit Salz, Pfeffer und Worcestersoße würzen und leicht mehlieren. In der Butterpfanne kurz von beiden Seiten anbraten. Mit Butter bedecken und im Backofen bei ca. 160 Grad fünf Minuten backen.

Helmut Becker

Auto Becker – eine Legende. Ein Name, der für ungezügelte Lust am Luxus steht, für den fahrbaren Untersatz als Statussymbol. Rolls Royce, Jaguar, Ferrari – wer in und um Düsseldorf ein solches Auto fährt, der hat es garantiert auf der Suitbertusstraße gekauft. Wen interessiert es schon, dass man bei Auto Becker auch einen ganz gewöhnlichen Opel erwerben kann. Dass das Unternehmen in den 50er und 60er Jahren auch deshalb berühmt wurde, weil es den Gebrauchtwagen salonfähig machte. Helmut Becker, dessen Vater Wilhelm das Unternehmen 1947 gründete, gilt bundesweit als der Vorzeigeunternehmer. Und an diesem Image arbeitet er hart. Nicht nur, dass er sich im Business mit unverdrossener Standhaftigkeit auszeichnet, selbst in ökonomisch schwereren und ökologisch engagierteren Zeiten. Und mit Fleiß: Als Chefredakteur gibt er auch noch die „auto welt" heraus. Man kennt den sich aus- und nachdrücklich zum Liberalismus bekennenden Geschäftsmann auch als politisch und gesellschaftspolitisch äußerst engagierten Bürger: Er ist Vorsitzender der Aktionsgemeinschaft „Mut zur Selbständigkeit", Präsident des Bundesverbandes Mittelständische Wirtschaft, Präsident der Europäischen Vereinigung Kleiner und Mittlerer Unternehmen, Präsident des Club of Europe, er kümmert sich im Rahmen eines Vereines um Verkehrssicherheit. Sympathiewerbung für Düsseldorf zu betreiben, liegt Helmut „Auto" Becker im wahrsten Sinne des Wortes am Herzen, PR- und Werbewirksamkeit für das Unternehmen Auto Becker inbegriffen – und einkalkuliert. Er verleiht seit 1995 „Herzen für Düsseldorf" an Menschen, die sich um die Stadt verdient gemacht haben, und gründete die Initiativen „Herzlichst Cologne" und „Herzlichst Olympia". Der von ihm alljährlich veranstaltete „Concours d'Élegance", zieht viele, sehr viele Oldtimer-Liebhaber nach Düsseldorf. Helmut Becker wurde am 24.7.1942 in Berlin geboren und verbrachte die ersten Jahre seines Lebens im Schwarzwald. Seine Qualifikationen für den Gebrauchtwarenhandel erwarb er sich mit kaufmännischen Ausbildungen, die ihn zu den großen deutschen und amerikanischen Autoherstellern führten, ebenso wie mit einer Lehre zum Kfz-Mechaniker.

Bravouröse Butzheimer Bachforelle und die holde Weiblichkeit

Helmut „Auto" Becker ist eine große stattliche Erscheinung. Ein gepflegter Endfünfziger mit klaren blauen Augen, der als er die Oldiethek betritt, zur Begrüßung und als allererstes allen Anwesenden ein „Herz für Düsseldorf" an Hemd und Bluse heftet. Er ist entzückt über die Präsenz von Horsts reizender Lebensgefährtin Nada, die er charmant begrüßt. Angesichts der im Entrée der Oldiethek präsentierten raren Autos – darunter auch ein wunderschöner Ferrari aus den 70er Jahren – fragt er Horst, ob das denn hier auch eine Werkstatt sei. Horst lacht und antwortet, dass seine Küche eine Werkstatt sei.

Becker: Wie? Kannst du etwa keinen Ferrari reparieren?

Horst: Nee, ich kann ihn fahren, ich kann ihn putzen, ich kann ihn lieb haben.

Damit keine weiteren Missverständnisse aufkommen, führt Horst Helmut Becker durch seine Scheune. Er vermutet richtig, dass seinem Gast die Theke im Bistro sehr gut gefallen wird. Aber erst führt der Weg an Horsts kleinem Formel 1-Museum vorbei.

Horst: Guck mal, ich bin ja eigentlich Ferrari- und Jaguar-Fan, aber da habe ich mal ein altes Bild von Mercedes, da drauf haben auch alle Mercedes-Größen unterschrieben, der Fangio, Gonzales, Hans Hermann, Karl Kling und der Neugebauer. Und hier ist meine Sammlung Graf Berge von Trips.

Horst zeigt, was er hat, und Helmut „Auto" Becker ist beeindruckt. Von der Graf Berge von Trips-Sammlung will er unbedingt Fotos machen.

Becker: Tja, was heute der Michael Schumacher ist, war damals Graf Berge von Trips. Alle Weltmeister und großen deutschen Fahrer stammen hier aus der Gegend, so grob im Umkreis von 50 Kilometern drum herum. Und angefangen hat das alles mit dem Grafen.

Horst: Seine ehemalige Privatsekretärin, die Frau Floßdorf, ist eine sehr gute Freundin von mir, und wir sehen uns so einmal die Woche, dann kommt sie mich hier besuchen. Da bin ich ganz, ganz stolz drauf. Mit der habe ich auch mal das Schloss der von Trips besichtigt.

Helmut Becker weist auf eine Schaufensterpuppe und fragt, was diese denn hier zu suchen habe.

Horst: Mädchen mag ich, und der Trips mochte die auch. Ich sehe schon, du interessierst dich vor allem für die Damenwelt.

Die beiden betreten das Bistro, und dort ist die Theke, von der Horst soeben sprach. Darauf hält eine nahezu unbekleidete Puppe mit knackig-femininer Figur und abgespreiztem Bein trotz eines schweren Tabletts, das sie trägt, auf bewundernswerte Weise die Balance. Helmut Becker ist hingerissen, kann nicht an sich halten, entledigt sich kurzerhand seiner Schuhe und springt auf die Theke, um mit der dennoch ungerührten Dame zu posieren. Autos und Frauen, so beschließen die beiden beim weiteren Rundgang, sind doch das Wesentliche im Leben. Da fällt auch der eine oder andere unanständige Witz. Beide schwärmen ein bisschen von Verona Feldbusch, deren Konterfei in Pappe ebenfalls in der Oldiethek zu finden ist. Helmut Becker zückt sein Handy, um sie gleich anzurufen, denn er kennt sie ja gut. Noch vor wenigen Tagen ist sie beim Concours d'Elegance auf der Düsseldorfer Kö mitgefahren. Er erreicht aber nur ihren Verlobten Franjo Poth und plaudert ein bisschen. Horst holt derweil aus seinem Fundus ein Exemplar eines Buches über Graf Berge von Trips, das es insgesamt nur in 100 Exemplaren gibt, schreibt eine Widmung hinein und schenkt es Helmut „Auto" Becker.

Becker: Eine Kuckucksuhr hast du auch!

Horst: Ja, ab und zu lasse ich den Kuckuck kommen. Es ist besser, der kommt aus der Uhr als durch die Tür.

Becker: Und da die Schilder, die sind ja alle vom Concours d'Elegance. Da, von 1994, das war der erste!

Horst: Ich hab auch noch die Startfahnen von dieser 2.000 Kilometer-Tour. Die Dinosaurier-Bilder dort, dazu gibt es eine ganz jecke Geschichte. Daran merkt man, wie winzig klein die Welt ist. In Rommerskirchen gab es mal ein Ehepaar – sie Ärztin, er Künstler – denen gehörte Schloss Schauenburg bei München. Als ich denen die Bilder gezeigt habe, sagten sie „Mein Gott, die gehören ja uns." Der Schlossverwalter hatte sie wohl illegal an herumziehende Sintis verkauft, von denen ich sie wiederum für 'nen Appel und 'en Ei gekauft hatte. Na, die haben den Schlossverwalter zur Kasse gebeten! Und das ist hier meine ganze Küche.

Becker: Ich hab dich ja schon einige Male im Fernsehen gesehen, das geht ja immer sehr schnell. An für sich habe ich mich ja auch auf eine kurze Zeit eingerichtet, so fünf Minuten.

Horst: Nee, so schnell geht das nicht, wir werden gleich ein bisschen kochen. Ich hab ja gehört, was du dir gewünscht hast, und das habe ich natürlich wieder „horstbezogen" umgewandelt: Es gibt also Butzheimer Bachforelle, aber die ganz außergewöhnlich, nämlich mit Spargel dazu. Die Forelle wird außerdem mit einem Gurkengemüse veredelt, das ist was sehr, sehr Feines, und dann gibt es einen leckeren Eichblattsalat, und mit den Kartöffelchen werden wir auch wieder was Besonderes machen. Wir werden nämlich später Zwiebelchen anschmoren und die Kartöffelches mit frischen Walnüssen zusammen dann schön in der Pfanne schwenken.

Helmut Becker nascht an den Nüssen, bekommt zur Strafe seine Schürze und ein Messer in die kochungeschulten Hände gedrückt.

Becker: Au Mann, jetzt wird's ernst. Ich habe noch nie gekocht. Außer Spiegeleiern und so. Und ich habe mal mit sieben Jahren einen Pflaumenkuchen gebacken, in einem Kohleofen, so wie deiner. Einen richtigen Pflaumenkuchen, und ich habe es wirklich hingekriegt, dass der nicht zusammenfiel. Als meine Mutter kam, schlug sie die Hände über dem Kopf zusammen, aber als sie den Kuchen sah, da war sie fasziniert. Und da habe ich gesagt: Besser kann ich nie wieder werden, also lass ich's. Seitdem habe ich nie wieder einen Kochlöffel angerührt, außer Spiegelei habe ich nichts mehr gemacht. Aber ich freue mich, dass es Spargel gibt. Den habe ich mir ja gewünscht.

Horst: Ja, Spargel von Rommerskirchener Feldern. Aber mach dir nicht so viele Sorgen, die Kartoffeln habe ich schon geschält, so dass wir die schlimmsten Arbeiten nicht mehr machen müssen. Den Spargel werde ich auch übernehmen, aber wenn du die Gurken gleich schälen würdest, wäre das schon ideal. Die Zwiebeln habe ich auch schon vorbereitet. Der Spargel ist so wild, der kommt nach dem Schälen in den Käfig.

Horst deutet auf den Einsatz seines Spargeltopfes und zeigt seinem Co-Koch, wie er die Gurken zu bearbeiten habe: Erst die Pöppelches abschneiden! Dafür, dass Helmut Becker nie gekocht hat, macht er seine Sache mit den Gurken gut. Horst kümmert sich derweil um die Salatsoße und fragt seinen Gast nach irgendwelchen Vorlieben. Blue Cheese mag „Auto“ Becker sehr gern am Salat. Da muss Horst passen und zuckt die Achseln. Blue Cheese sei auf seiner Käseplatte nicht zu finden. Er rührt sein Salatsößchen an und siehe, es schmeckt seinem Gast hervorragend. „Besser als mit Blue Cheese“, kommentiert Helmut Becker und fragt Horst, warum er alle seine Gäste duze.

Horst: Ich duze alle Menschen, die zu mir kommen. Die habe ich gern, sonst könnte ich sie nicht als meine Gäste betrachten. Ich hatte mal den Herrn Schlecker hier zu Gast mit einer Filmproduktionsfirma, um einen Vertragsabschluss zu feiern.
Die Leute von der Produktionsfirma waren sehr nervös, waren sich nicht so ganz sicher, ob es richtig war, mit Herrn Schlecker hierher zu kommen, und saßen oben in der Bibliothek, um ungestört zu sein. Da bin ich hochgegangen und erklärte die Speisekarte, vorher bin ich natürlich rundgegangen, wie ich das immer mache, habe allen die Hand gegeben und habe gesagt: „Hallo, ich bin der Horst“. Ein Herr fragte nach ungefähr einer halben Stunde die Kellnerin, wie lange es denn noch dauern würde, bis das Essen käme. Ich wollte wissen, wo derjenige sitzt, bin zu ihm hin, und habe gesagt: „Entschuldigung, aber für den weiteren Verlauf des Abends wäre es sehr wichtig, wenn du mal gerade mit mir runterkommen könntest.“ Der Gast stand auf, entschuldigte sich bei dem Rest der Gesellschaft, kam mit mir runter, ich gab ihm ein Glas Mineralwasser und bat ihn, mir einen Moment zuzugucken, damit er verstehe, warum das so lange dauert. Er sah zu,

und dann zeigte sich, dass er ein gut erzogener Gentleman war. Denn er klopfte mir auf die Schulter und sagte: „Herr Lichter, nehmen Sie sich die Zeit, die Sie benötigen", und ging wieder nach oben. Als er sich verabschiedete, sagte er: „Horst, ich komme wieder, nicht nur des unverschämten Koches wegen." Das fand ich Weltklasse. Das war natürlich der Herr Schlecker höchstselbst. Es ist ganz wichtig, dass deine Gäste merken, dass du sie nicht verarschst, sondern dass das, was du tust, ehrlich ist. – So jetzt habe ich inzwischen schon den Spargel geschält und werde ihn in Kochwasser tun, dem ich Salz, Zucker und Butter zugefügt habe. Dann schmeckt der Spargel richtig super. Eine Messerspitze Butter. Aber wenn ich Messerspitze sage, ist das immer mächtig viel, weil ich so große Messer habe.

So ungefähr ein Viertelpfund landet im Spargeltopf. Helmut Becker bewundert die neuen Kacheln in Horsts Küche, lacht und sagt: „Das ist ja Wahnsinn!"

Horst: Ist das nicht herrlich? Da ist alles drauf, was ich liebe. Mein Gemüse, mein Knoblauch, und mein Kännchen.

Becker: Ich esse übrigens keinen Knoblauch. Ich bin ja als Verkäufer geboren. Und ich habe gelernt, dass man, wenn man optimal verkaufen will, nicht aus dem Mund riechen darf. Und so mancher hat ja schon eine Fahne nach einem Glas Bier. Das hat uns so manches Geschäft gekostet.

Horst: Da kommt ja auch der Ausdruck her: Du stinkst mir. Der beste Verkäufer, den ich kenne, ist der Peter Heinrichs, der Pfeifen-Heinrichs aus Köln. Wir sind seit vielen Jahren gut befreundet. In dessen Geschäft geht ein Nichtraucher hinein und kommt wieder raus und hat mindestens eine Pfeife gekauft und ein schönes Feuerzeug und noch eine Tasche für den Tabak. Aber der Mann macht es auch mit Herz.

Helmut Becker erzählt von seiner Reise nach Tunesien, die er einst machte. Schon am ersten Tag habe er sich so gelangweilt, dass er sich einen Wagen mietete, mit dem er das Land bereisen wollte. „Ich ging also am Strand entlang und fragte Leute, ob sie mit mir durch Tunesien reisen wollten, und blieb bei einer bezaubernden Dame und einem älteren Ehepaar hängen." Er habe sich dann noch Literatur besorgt und sozusagen für die von ihm zusammengetrommelte Gruppe als Reiseleiter fungiert. Diese sei begeistert gewesen und wollte ihm nicht glauben, dass er das quasi zum ersten Mal gemacht habe. Bald darauf habe er sich einen Berberteppich kaufen wollen, und der Mann aus seiner Gruppe erbot sich, als Gegenleistung für die tolle Führung durch das Land einen guten Preis für ihn auszuhandeln. „Wir gehen jetzt zum besten Teppichhändler, und dort bekommen Sie den besten Preis". Ich wollte es aber gern selbst versuchen und musste die Hälfte von dem bezahlen, was er zuvor ausgehandelt hatte.

Horst: Du bist also nicht nur ein guter Verkäufer, sondern auch ein guter Einkäufer. So, ich hab schon mal die Kartöffelchen aufgesetzt, damit das nachher ein bisschen schneller geht. Ich finde, man kann aus den einfachsten Dingen die schönsten Sachen machen, wenn man weiß, wie es geht. Ein Hähnchen beispielsweise ist heute verpönt, weil es so verunstaltet worden ist. Wenn man ein Hähnchen richtig macht, ist es eine Delikatesse. Da wir eine gemeinsame Liebe haben, nämlich Italien, magst du sicher auch Olivenöl? Darin kann der Fisch gleich baden gehen. Aber vorher gebe ich noch Salz, Pfeffer und Worcestersoße dran, die kommt bei mir immer an den Fisch. Und zum Schluss kommt noch Kräuterbutter darauf und dann ab damit in den Backofen. Du hast ja wahrscheinlich schon im Fernsehen gesehen, ich mache fast alles in Pfannen.

„An Fisch tu ich immer einen Schuss Worcestersoße. Das gibt dem Ganzen einen besonderen Geschmack. Das habe ich übrigens von meinem Lehrherrn übernommen."

Es zischt kräftig in der Pfanne auf dem Herd, so, als wolle das Kochutensil Horsts Worte unterstreichen. Helmut Becker fragt ihn nach seinen Familienverhältnissen.

Horst: Aus erster Ehe habe ich Kinder. Die Dame hilft hier auch noch regelmäßig. Aus zweiter Ehe hab ich keine Kinder, wir verstehen uns nicht mehr so hervorragend. Das war's aber dann auch schon. Nada, mein jetziger Schatz, ist die letzte Frau in meinem Leben. Wenn die mir mal laufen geht, dann will ich keine mehr haben. Dann bin ich es leid. – So, die Kartöffelchen stellen wir jetzt auf Seite, lassen den Fisch ein bisschen anbrötscheln. Ich suche immer Sachen aus, die schnell gehen. Und es muss bei mir immer auch nach dem schmecken, was es mal war. Du wirst gleich sehen, dass die Forelle ganz toll schmeckt.

Der Fisch wird angebraten und verschwindet bald darauf im Backofen. Horst bleibt genügend Zeit, seinem Gast einen ganz besonderen

Schatz zu zeigen. Aus der Bibliothek der ehemaligen Kom(m)ödchen-Prinzipalin Lore Lorenz, die sich in seinem Besitz befindet, hat er eine signierte Ausgabe jenes Buches, das Wilhelm Becker 1973 schrieb: „Der Mann mit dem Vornamen Auto". Sein Sohn blättert darin, beeindruckt, ehrfürchtig.

Becker: Mein Vater war für mich ein Idol. Aber er hatte auch zwei Seiten. Ich hatte einen Vater, den ich geliebt und einen, den ich gehasst habe. Sein Verhältnis zu mir schwankte zwischen Stolz und Eifersucht. Das ist schon komisch, wenn man das sieht. Ich habe zwei Söhne, und ich denke mir manchmal: Mein Gott, wenn die mehr von dir hätten, und alles umsetzten, was ich denen gerne mitgeben würde, dann wären sie nachher genial. Als mein Vater 75 wurde, wollte ich ihm meine Verehrung zeigen und ihm etwas ganz Besonderes schenken. Ich hab mir dann überlegt, und ich wollte ihm den Konsul-Titel von Sierra Leone besorgen. Das hat nicht geklappt, weil mein Vater nicht Englisch sprach. Einen gekauften Doktor-Titel, Doktor Auto Becker, das wollten wir auch nicht. Und dann kamen wir auf das Auto Becker-Buch. Der Chefredakteur der NRZ kam zu uns, und dann haben wir das Buch gemeinsam geschrieben.

Horst begibt sich wieder in die Küche, „damit wir bald am Tisch sitzen können, um lecker zu essen. An der Soße ist jetzt süßer Senf und ein bisschen Tomatenmark. Und jetzt kommt noch ein Klecks Crème fraîche dazu. Freche Crème."

Helmut Becker möchte wissen, wer denn noch alles als Gast bei Horst kocht und in „Kurios köstlich" verewigt wird. Vor allem interessieren ihn die Damen, die zur Kochstunde gebeten werden. Horst erzählt, dass in zwei Tagen die Weltmeisterin im Boxen vorbeikomme. Helmut Becker ist begeistert, denn schließlich gehört sein Unternehmen zu den Sponsoren der jungen Sportlerin. Er greift zu seinem Handy und ruft Daisy Lang direkt an. Leider erreicht er sie nicht. Als er hört, dass auch Bärbel Höhn noch bei Horst zu Gast sein wird, erzählt er von einem Zusammentreffen mit ihr.

Becker: Der Bärbel Höhn bin ich in einer Talk-Runde begegnet. Da waren auch Wolfgang Clement und Wolfgang Schäuble dabei. Der Moderator fragte plötzlich: „Herr Schäuble, Sie siezen sich mit all den wichtigen Politikern, und mit Helmut Becker duzen Sie sich. Warum?" Da sagte der Schäuble: „Wir sind doch zusammen aufgewachsen. Im Schwarzwald. Wir sind dort gemeinsam in die Schule gegangen." Dann kam Bärbel Höhn dazu und sagte: „Den Helmut Becker duze ich nicht, ich bin ja nicht mit dem zur Schule gegangen, ich fetz mich lieber mit ihm." Das sieht aber schon aus!

Horst zieht den Topf, in dem der Spargel gerade aufkocht, beiseite. Dann schnippelt er Zwiebeln in das Olivenöl, das in einer Pfanne langsam heiß wird.

Horst: Darin werden gleich die Kartöffelchen mit den Nüssen geschwenkt. Gleich sind wir mit allem fertig. Helmut, wo möchtest du denn am liebsten sitzen?

Becker: Zwischen den Damen natürlich. Der Tisch ist mir egal.

Horst lacht sein dröhnendes Lachen, gesteht, dass er noch ein paar Nüsschen zum Naschen übrig gelassen hat und will wissen, was sein Gast außer Fisch noch so richtig gern isst.

Becker: Nachdem ich jetzt Horst Lichter beim Kochen zugesehen habe, bin ich für alles offen. Alles, was spannend ist, alles, was etwas Besonderes ist. Was ich nicht so gerne mag, sind so asiatische Sachen. Schlangen, Schnecken usw. Chinesisch esse ich allerdings gern, wenn es gut ist. Das ist in Düsseldorf aber schwierig, ich denke, die besten Chinesen gibt es in London. Gern mag ich auch die elsässische und die italienische Küche. Ich finde es immer wieder überraschend, dass Köche, die gar nicht berühmt sind, wenn sie gefordert werden, ganz tolle Sachen hinkriegen.

Er nascht an den Kartoffeln, findet die Kombination aus Nüssen und Erdäpfeln äußerst gelungen und trägt mit Horst die Speisen auf. Horst zischt sich ein Bierchen, sein Gast gönnt sich ein Gläschen von Horsts Chateaujedönsratswein – aber nur eines, denn was ein richtiger Auto Becker ist, muss selbstverständlich noch fahren. Sie trinken auf die holde Weiblichkeit, „auf die Mädsches und auf einen weiteren schönen Kochtag". „Ist der Wein okay?" fragt Horst. „Zum Essen finde ich den richtig lecker. Der kommt aus Chile."

Becker: Wenn du einheimische Produkte bevorzugst, warum hast du dann hier chilenischen Wein?

Horst: Ich habe früher sehr viele französische Weine probiert, aber die haben heftige Schwankungen in der Qualität. Und bei den deutschen Weinen gab es mal eine ganze Zeit lang so viele Panscher, dass ich lang nicht wusste, welcher gut ist und

welcher nicht. Da ich kein wirklicher Weinkenner bin, konnte ich das auch nicht beurteilen. Heute weiß ich, es gibt phantastische deutsche Weine, aber mein Chilene hat sich so gut bewährt. Alle, die herkommen, und was von Wein verstehen, finden den prima. – Der Spargel ist aber auch widerspenstig. Jetzt merkst du, warum die beim Kochen in Käfige müssen. Wahrscheinlich sind das weibliche Spargel. Männliche hätten sich längst ergeben. Du wirst sehen, wie lecker die Forelle ist. Die zu zerlegen, ist immer so eine Sache. Das ist der einzige Nachteil am Fisch, dass der Gräten hat. Da arbeiten wir noch dran. Ich hoffe ja, das kriegen die in den Griff mit ihrer Genmanipulation.

Horst kämpft mit dem Spargel und dann mit den Forellen, die anschließend fein säuberlich filetiert auf seinem Teller und auf dem seines Gastes landen. Beide probieren und sind sehr zufrieden mit sich. Helmut Becker gesteht, dass er sich für dieses Essen die meiste Zeit genommen habe, er normalerweise immer ganz schnell wieder weg sei und Termine und Pflichten vortäusche. Über dieses Lob freut sich Horst und findet auch, dass es schmeckt.

„Auto" Becker greift zum Handy und erreicht diesmal Daisy Lang. „Freu dich schon mal, das sind sehr nette Menschen hier", kündigt er ihr an. Noch ein großes Kompliment für Horst Lichter und seine Kochkunst.

Forelle filetieren

Nicht nur für die Hausfrau ein Problem, sondern auch manchmal für einen guten Koch. Zunächst den Kopf abtrennen, danach mit dem Fischmesser im Rückenbereich einschneiden und ebenfalls unter der Schwanzflosse. Jetzt kann man an der Flosse das obere Filet abziehen. Die untere Hälfte mit den Gräten bleibt zunächst liegen, dann können die Gräten schön abgezogen werden.

1994er Burg, Marcel Deiss, Alsace
Ca. € 33,00 bei rotweiss.

Ein nicht ganz trockener Riesling Vendanges Tardives (Spätlese). Wir greifen aus Begeisterung und Sehnsucht zu unserem besten Weißwein überhaupt, um in der Lichter'sche Küche eine letzte Chance zu haben, ehe wir vor lukullischer Freude von der Tafel gespült werden. Das ist der „Wein des Jahres 2001“ bei rotweiss.

Butzheimer Bachforelle mit Spargel und Gurkengemüse

Zutaten für 4 Personen:

4 schöne Bachforellen
2 Gurken
1 große Zwiebel
300 gr. Crème fraîche
100 gr. Walnüsse
400 gr. Kartoffel
150 gr. Butter
Spargel
1 TL Tomatenmark
4 TL süßer Senf
1 Kopf Eichblattsalat
1 Bund Dill und Schnittlauch
Olivenöl, Balsamico-Essig,
Salz, Pfeffer, Zucker

Gurken schälen, in ca. 2 cm dicke Scheiben schneiden und in einer Messerspitze Butter andünsten. 2 TL Senf und Tomatenmark dazu geben und weiter kurz dünsten. Crème fraîche dazu, kurz aufkochen lassen und mit einer Prise Salz und Pfeffer abschmecken.
Die geschälten **Kartoffeln** kochen und kurz vor dem Anrichten in einer Butterpfanne mit fein gehackten Zwiebeln und den Walnüssen braun backen.
Den **Spargel** schälen, in einem großen Topf mit Wasser, Salz, Zucker und Butter ca. 20 Minuten garen.
Die **Forellen** gut waschen und mit Salz, Pfeffer und Worcestersoße würzen. Danach in der Ölpfanne kurz anbraten, mit Butterflocken bedecken und im Backofen fertig garen.
Für die **Salatsoße** Olivenöl, Balsamico-Essig, Salz, Pfeffer, Zucker, 2 TL Senf und die fein gehackten Kräuter vermengen.

Daisy Lang

Welt- und Europameisterin im Kickboxen (1995/94), Weltmeisterin in Karate (1995), Europameisterin im Taekwondo (1992), schließlich Europa- (1998) und Weltmeisterin im Boxen (seit 1999 im Junior-Bantam-Gewicht) – Daisy Lang ist eine Ausnahmesportlerin. Aber nicht nur das: Sie ist auch eine Ausnahmeerscheinung. „The Lady", wie sie in der Boxszene respektvoll genannt wird (in Anlehnung an Henry Maske, den man den „Gentleman" nannte), sieht überhaupt nicht wie eine Boxerin aus. Eher klein, eher zierlich, 52 Kilo leicht (Konfektionsgröße 34), blond, schmales, perfektes, sehr hübsches Gesicht, ein breiter, stets lächelnder Mund, perfekte Zähne und ein wunderschönes Dekolleté – Daisy Lang könnte auch ein Model sein. Nur ihr ausgeprägter Oberkörper zeugt von ihrer Profession. Die gebürtige Bulgarin ist stets sehr höflich – aber wenn sie erzählt, wie sie mit ihren Gegnerinnen umgeht, kann auch Mann Angst und Bange werden. 68 von ihnen schlug sie in ihrer Amateurlaufbahn k.o; von 138 Kämpfen hat sie nur neun verloren. Daisy Lang wurde am 4. April 1972 in Sofia geboren. Noch in Bulgarien machte sie ihren Abschluss zur Diplom-Physiotherapeutin; seit 1996 lebt sie in Düsseldorf und ist an der Deutschen Sporthochschule Köln eingeschrieben. Und so weiß sie auch schon genau, was sie machen will, wenn das mit dem Boxen mal vorbei ist: Dann wird sie eine Praxis für Physiotherapie eröffnen.

Seeteufelchen à la Daisy, Ferrari-Nudeln und „Sößchen à la dich"

Als Daisy Lang Lichter's Oldiethek betritt, ist Horst erst mal platt: Eine Boxerin hat er sich ganz anders vorgestellt. Die Athletin ist eine aparte Erscheinung. Auf dem Kopf trägt sie eine Baseballkappe – natürlich nicht ohne Sponsorenlogo – und in ihrer Lederjacke, ebenso ferrari-rot wie ihre Kappe, die den Blick auf ein sehr gepflegtes Dekolleté freigibt, wirkt sie schmal und fragil. Erst, als sie sich später ihrer Jacke entledigt, kommen breite, trainierte Schultern zum Vorschein. Daisy Lang drückt Horst, der sich seinem Gast artig vorstellt, erstaunlich sanft die Hand und bedankt sich höflich für den Milchkaffee, den Horst ihr anbietet. Nach wenigen Minuten ist klar: Charmant und witzig ist die Frau auch noch.

Horst: Ich hab mich schon gefreut auf heute. Zum einem habe ich gesagt, Mensch, eine Frau kennen zulernen, die alle Kampfsportarten kann, Weltmeisterin im Boxen ist, das muss ja alleine schon heftig sein. Und dann noch in Taekwondo, Kickboxen und Karate. Mein Gott. Madre Madonna.

Taekwondo ist ein in Korea weiterentwickeltes ostasiatisches Selbstverteidigungssytem, bei dem ähnlich dem Karate Faust- und Fußstöße, Sprünge, Wendungen und blitzschnelles Zuschlagen gewertet werden. Angriffe müssen mindestens 5 Zentimeter vor dem Gegner gestoppt werden.

Lang: Du brauchst keine Angst vor mir zu haben. Ich beiße nicht.

Horst: Ich hatte so eine Vorstellung davon, wie du aussiehst. Ich hatte ja kein Foto von dir gesehen. Und was denkt man von einer Weltmeisterin im Boxen? Dass sie eine kleine, hagere, dünne Person ist, durchtrainiert ohne Ende, mit Sicherheit nicht hübsch. Das war für mich eigentlich klar. Ich kenne auch keinen gutaussehenden männlichen Boxer. Aber das sind eben Vorurteile. Dass eine Boxerin so schön sein kann: Du hast keine Blumenkohlohren, keine platte Nase, keine Boxerhände.

Lang: Ich habe mich bisher nie verletzt bei den Kampfsportarten. Beim Bügeln, da habe ich mich schon mal verbrannt. Da bin ich nicht konzentriert, die Gedanken gehen woanders hin, da achte ich nicht darauf, was meine Hände machen, und schon ist es zu spät. Mein zukünftiger Mann muss bügeln können, sonst heirate ich den nicht.

Horst lacht: Das stelle ich mir gut vor: Du nimmst einen Mann mit nach Hause, der freut sich schon, und da steht da ein Riesenbügelbrett und ein großer Korb voll Wäsche.

Und du fragst ihn dann: Möchtest du was trinken beim Bügeln? Würdest du gerne gegen die zwei Amerikanerinnen boxen, die gerade gekämpft haben, gegen die Töchter von Muhammad Ali und Joe Frazer?

Lang: Ich würde sie beide besiegen. Das war für mich auch kein Boxkampf, sondern eine Schlägerei. Keine Technik, keine Taktik, keine Gedanken. Ich boxe ganz anders. Ich bin Technikerin. Ich bin meist schneller als die anderen, und das ist eine Kunst. Du musst einmal treffen. Dann kommt langsam der Schmerz, aber immer mehr, immer mehr, immer mehr. Jeder Mensch ist so strukturiert, dass wenn er etwas einstecken muss, dann antwortet er. Dieser Reflex, der in dir drinnen ist, den musst du beim Boxen unter Kontrolle haben. Auch wenn du einen Schlag kriegst. Das ist aber verdammt schwer, weil die Abwehr so tief in dir drinnen ist. Und du musst dafür trainieren, dieses Gefühl zu halten, und dich dann fragen, wie kannst du deinen Gegner beherrschen. Das ist das Geheimnis dieses Sports. Wenn man das schafft, dann kann dich keiner schlagen. Ich möchte zeigen, dass auch eine Frau technisch sehr gut boxen und eine so harte männliche Sportart machen kann. Das ist mein Ziel.

Horst: Wenn man dich so sieht, würde man sich fragen: Vielleicht singt sie, vielleicht modelt sie, vielleicht tanzt sie, aber auf Boxen würde man nicht kommen.

Lang: Keiner glaubt mir. Ich bin höflich, aber im Ring bin ich eine Katze. Das totale Gegenteil. 180 Grad andersherum. Und das können die Leute nicht glauben.

Horst: Für mich ist Boxen ja auch eine gebrochene Nase und all so etwas. Wenn ich einen Boxkampf sehe, geht bei mir unheimlich der Adrenalin-Spiegel hoch. Obwohl alle sagen, das ist ein primitiver Sport, da kann man nicht zusehen, wie sich zwei Menschen schlagen. Du brauchst sicher auch nie Bodyguards.

Lang: Ich war Bodyguard! In meiner Heimat, bei der Gattin des Präsidenten. Sie wollte mich auch fest engagieren, aber ich sage ganz ehrlich: Das ist keine Arbeit für eine Frau. Du hast kein Privatleben, du hast keine Zeit für die Familie. Ich habe ja auch noch einen anderen Beruf. Ich bin Physiotherapeutin. Und sollte ich in Zukunft mal eine Praxis, aber keine Kunden haben, dann kann ich mir die selbst besorgen.

Horst: Ich habe auch so was Ähnliches gemacht. Ich habe Zucker auf den Ofen geworfen, der karamelisierte und dann roch hier alles nach Karamel. Jeder der reinkam, kriegte einen unglaublichen Hunger auf irgendwas Süßes. So habe ich angefangen, die ersten Gäste hier herein zu locken. Abends habe ich dann Speck in die Pfanne getan, so richtig heiß braten lassen, da hatten die auch wieder Kohldampf. Das ist so ähnlich, wie auf der Straße jemanden umzuhauen, ihm anschließend das Visitenkärtchen in die Hand zu drücken und zu sagen: Hallo, ich bin Physiotherapeutin, ich kann dir helfen, ich weiß genau, was du hast.

Daisy Lang hat den Wahnsinns-Ferrari gleich im Eingang der Oldiethek gesehen, outet sich selbst als großer Ferrari-Fan und möchte wissen, warum Horst so für diese italienischen Schlitten schwärmt.

Horst: Die fand ich schon toll, da konnte ich Ferrari noch nicht mal schreiben. Ferraris waren für mich immer mit die schönsten Autos überhaupt. Nino Farina ist für mich einer der besten Autodesigner der Welt. Da habe ich das Gefühl, der macht ein Auto nicht so, wie er's macht, weil es funktionell ist, er überlegt auch nicht, ob dieses Auto nachher den Leuten gefällt, sondern er macht das, was ihm gefällt. Damit kann ich mich identifizieren. Und er hat das unheimliche Glück, dass es den anderen auch gefällt. Die Autos sind einfach nur genial. Das ist eine Zeremonie, in so ein Auto einzusteigen und das zu riechen. Ein Ferrari riecht wie ein Ferrari. Ob du dich in einen 40 Jahre alten reinsetzt oder in einen neuen. Das glaubt kaum jemand. Wie die das gemacht haben, weiß ich nicht. Mir hat mal ein richtiger Ferraristi etwas Schönes gesagt, das ist eigentlich frauenfeindlich, soll aber nicht so verstanden werden: Ein Ferrari ist wie eine Geliebte. Man geht nur hin, wenn man Lust hat, Zeit hat, um wunderschöne Stunden zu verleben. Dadurch verzeiht man alle Fehler. Man sieht sie nämlich nicht. Das ist einfach nur schön. Würde man diese Geliebte heiraten, also täglich damit zur Arbeit zu fahren, käme man bald drauf: Scheiße, was ist das Ding unbequem. Und warum magst du Ferraris? War es der Mythos?

Lang: Ja, sicher, der auch. Aber vor allem mag ich die Autos wegen der roten Farbe. Ich liebe Rot. Von den Motoren verstehe ich nicht ganz so viel. Mir gefällt auch die aerodynamische Form. Ab und zu darf ich mal einen fahren, wenn mein Sponsor mir einen zur Verfügung stellt. Aber eigentlich fahre ich einen Chevrolet Blazer. Das ist ein sehr gutes Auto. Natürlich mag ich die Geschwindigkeit. Ich fahre auch gern Motorrad. Motocross.

Horst: Ja, Motocross bin ich auch mal gefahren. Da habe ich gemerkt, dass ich mir damit alle Knochen breche. Und das ständig und immer wieder. Das habe ich dann doch besser gelassen. Du wirst so verrückt beim Fahren, dass du komplett vergisst, dass du ein Mensch bist und verletzlich. Wenn ich heute Motorrad fahre, fahre ich ganz schön langsam. Beim Boxen ist das ja was Anderes, da musst du ja richtig gut und fit sein, da brauchst du ja kein Auto oder kein Motorrad, das Millionen kostet.

Daisy Lang schaut sich während des Gespräches mit unverhohlener Neugier um, und Horst bietet an, ihr alles zu zeigen. Natürlich verweilen die

beiden besonders lange bei Horsts Motorrädern und er erzählt, dass er nur noch sehr, sehr selten mit dem Motorrad fahre, da es ihm auch zu gefährlich geworden sei. Und ehrlich fügt er hinzu: „Ich krieg das heute nicht mehr so gut geregelt wie früher." Dann zeigt er der Boxerin das Bistro, sie findet: „Das weckt Gefühle und Erinnerungen. Ich bin in einer anderen Welt. Das ist wie ein Museum, alles ganz untypisch für ein Restaurant. Das mag ich gerne" und Horst bestätigt, dass es einfach seine kleine, chaotische Welt sei.

Lang: Weißt du, ich kann mit dem gleichen Lachen sagen: Das gefällt mir oder das gefällt mir nicht. Im Restaurant gehe ich wieder, wenn ich es nicht gut finde. Ist neulich passiert. Ich habe gesagt: Können wir gehen? Hier kann ich nicht essen. Und wenn man mich dann fragt, dann bleibe ich freundlich und lächle und sage: Nein, das hat mir gar nicht gefallen. Mein Manager sagte: Wie kannst du nur? Ich bin einfach so ehrlich. Ich muss mich beim Essen erholen und muss genießen. Das ist ganz wichtig, denn ich habe so wenig Zeit, auf meinem Popo zu sitzen. Mir ist wichtig, was in meinen Magen kommt. Und deshalb sage ich auch klar und deutlich, wenn mir was nicht gefällt. Aber nett.

Die beiden setzen den Rundgang fort. Natürlich will Horst wissen, wie eine so hübsche junge Frau ausgerechnet zum Kampfsport kam. Daisy Lang erzählt, dass sie als Teenager viele Filme zu dem Thema gesehen und nach und nach begonnen hat, sich mit dem Thema zu beschäftigen, historisch, theoretisch und praktisch. Der Kampfsport sei die Basis für das Boxen.

Lang: Ganz wichtig ist die Konzentration, bevor ich in den Ring gehe. Und das ist sehr schwierig, denn da kommen Leute, die wollen mich anfassen, die wollen mich küssen, mich fotografieren, es ist laut, aber ich kann abschalten und mich konzentrieren. Ich kann das kaum erklären. Konzentration ist das Wichtigste, und die habe ich im Kampfsport erlernt. Ich mache jeden Morgen und Abend Atemgymnastik. Denn die Atmung ist wiederum wichtig für die Konzentration.

Zurück in der Küche, wählt Daisy Lang natürlich eine knallrote Schürze für sich aus.

Horst: Du bist eine der wenigen, die das Band von der Schürze zweimal um die Taille wickeln können. Die steht dir aber hervorragend. Jetzt zeige ich dir erst mal, was wir kochen. Du magst ja gerne Fisch, richtig? Ich habe heute wieder Seeteufelchen. Eigentlich wollte ich Seezunge kaufen, aber die habe ich nicht bekommen. Dazu machen wir ein ganz verrücktes Gemüse mit Möhren, Zwiebeln, Zucchini und Porree. Das dünsten wir erst mal in ein bisschen Butter an, heute aber wirklich nur ein bisschen, denn wir müssen ja auf deine Figur achten. Dann kommen kernlose Weintrauben dazu und daraus machen wir eine wunderbare Soße. Dann kommt noch ein ganz leckerer Senf dazu, da ist Honig drin – dadurch bekommt die Soße einen ganz feinen Geschmack. Und ein Apfel kommt noch rein. Hier habe ich noch ein bisschen Bratensaft, mit dem man jede Soße aufpäppeln kann. Und das sind die schnellsten Nüdelchen der Welt. Die brauchen nur drei Minuten. Das sind für mich die Ferrari-Nudeln, die gehen blitzschnell. Die müssten nur noch rot sein. Da arbeiten wir noch dran. Und auf jeder Nudel müsste HL stehen, für Horst Lichter. Und eine Brille müsste auch noch drauf. Es gibt ein paar Sachen, die wir zusammen machen können. Aber du brauchst nur das zu tun, was du möchtest. Der Apfel muss in Stückchen geschnitten und entkernt werden. Ich lass die Schale immer dran, denn da sind die ganzen Vitamine drin, und wenn das gekocht ist, dann ist die Schale ganz weich. Die Möhren müssen geschält und geschnitten werden, und auch die Zucchini müssen wir zerkleinern. Die Zwiebeln schneide ich, damit du nicht heulen musst, denn du bist ja geschminkt, und da müssen dir nicht unbedingt die Tränchen über die Backen laufen.

Daisy Lang meint, sie könne die Zwiebeln auch unter dem Wasserhahn schälen, um Tränen zu vermeiden. Horst antwortet, man könne ja eine Taucherbrille verwenden; auch er habe eine Spezial-

Brille zum Zwiebeln schälen. Stolz führt er eine Motorradbrille vor, eher ein antikes Stück. Die Weltmeisterin ist begeistert und fragt, ob er sie denn wirklich aufsetze beim Zwiebeln schälen. Horst verneint – das käme seinen Gästen dann doch komisch vor – und zeigt der Boxerin, wie sie die Möhren und den Apfel zerkleinern soll: „Ich schneide immer zuerst die Pöppelches ab. Kannst du mit einem Schäler umgehen? Der Apfel muss in ganz kleine Stückchen geschnitten werden." Aber Daisy Lang weiß genau, wie es geht, und ihre erstaunlich zarten Hände legen los. Ab und zu koche sie auch zu Hause, erzählt sie, aber nur, wenn sie Zeit habe, das Gekochte auch zu genießen. Zu Trainingszeiten sei das eher nicht der Fall. Im Moment bereite sie sich gerade auf einen Kampf vor, der in ein paar Wochen stattfinden soll. Horst will wissen, ob sie während der Trainingszeiten Diät halten müsse.

Lang: Ich habe eigentlich keine Probleme mit meinem Gewicht. Da habe ich Glück. Ich habe eine Ernährungsberaterin, und ich achte natürlich schon darauf, was ich esse. In Trainingszeiten trinke ich nur Wasser oder Tee, keinen Kaffee. Ich esse auch nicht besonders kohlehydratreich wie andere Sportler. Mein Problem ist, ich mag keine Spaghetti. Ich esse zum Beispiel sehr gern asiatische Küche, denn da gibt es immer viel knackiges Gemüse und Reis. Ich mag nichts, was fettig ist. Schwein muss nicht unbedingt sein.

Sie erzählt, dass sie erst mit 17 mit dem Kampfsport angefangen habe. Das sei relativ spät. Allerdings habe sie seit ihrem sechsten Lebensjahr Leichtathletik gemacht. Und das sei schließlich die Basis für alle anderen Sportarten, auch für den Kampfsport. Da fällt Horst ein, dass er ihr unbedingt ein Foto zeigen muss, das vor Jahren von ihm aufgenommen wurde und heute neben den zahlreichen anderen an der Wand gleich zwi-

schen Tisch 2 und 3 hängt. Es zeigt einen äußerst muskulösen jungen Mann mit vollem Haupthaar: „Ich hab nämlich früher mal Bodybuilding gemacht." Daisy Lang staunt und kann kaum glauben, dass Horst mal so ausgesehen hat. Warum er denn aufgehört habe? Ganz einfach: Horst hat keine Zeit mehr, und so zweimal die Woche, das bringe es leider nicht: „Entweder richtig oder gar nicht." Inzwischen zupft Daisy Lang die Trauben und nascht davon: „Die mag ich unheimlich gern." Was denn Horst gern isst und kocht, will sie wissen.

Horst: Das ist eine schwierige Frage. Ich mag so viele einfache Dinge so gerne. Daher habe ich gar nicht das Lieblingsgericht. Wenn meine Mutter kocht, diese ganz einfachen Sachen, die du als Kind bekommen hast, die isst man heute so selten und früher jeden Tag. Früher hat man gesagt: Nee, nicht schon wieder. Wenn man das dann 25 Jahre nicht mehr hatte, und geht dann zur Mama, und die ist am Kochen und am Prötscheln, dann isst man doch wieder viel zu große Portionen davon. Lecker! Meine Mutter hat immer ein unheimlich leckeres Kaninchen gemacht, mit einer schönen braunen Soße und Knödelchen dabei. Oder wenn sie eine Reissuppe gekocht hat, so ein Riesenpott Reissuppe, ooooh! Oder Leber mit Kartoffelpüree, Zwiebelchen und Apfelmus. Das mögen nicht viele, aber ich liebe das. Geflügel bereite ich sehr gerne zu, denn das ist sehr schnell gar und schön saftig. – Riecht das nicht schon gut? Überleg mal, was alles für unterschiedliche Sachen darin sind: Zwiebeln, Möhren, aber auch Äpfel. Viele Leute sagen, man kann doch kein Obst dran tun. Doch, man kann. Denn die Soße wird dadurch schön cremig und bekommt einen ganz tollen Geschmack. Jetzt kommen hier noch unsere Weintrauben hinein. Ein paar verwahren wir für dich zum zwischendurch mal naschen. Sieht doch schon gar nicht so verkehrt aus! Jetzt kommt noch leckere Brühe hinzu. Heute koche ich mal ohne Sahne und ohne Crème fraîche. Das kann ich einer Top-Sportlerin ja nicht antun. Jetzt würzen wir den Fisch. Magst du's lieber pikant?

Mutter Lichter's Stallkaninchen-Rezept

Zutaten für 4–6 Personen: Ein ca. 1,5 bis 2 kg schweres Kaninchen, Biskin, Zwiebeln, Wurzelgemüse wie Porree, Sellerie oder Möhren, 2 kleine Lorbeerblätter, 3 Nelken, Salz, Pfeffer, Paprika und Curry.

Zubereitung: Das Kaninchen teilen in Kopf, Vorderläufe, Rückenteil und Hinterläufe und würzen. In einem Bräter das Fett heiß werden lassen, die Zwiebeln andünsten und das gewaschene und zerkleinerte Wurzelgemüse dazu geben, kross anbraten. Danach das Fleisch in den Bräter geben und nach ca. einer halben Stunde die Lorbeerblätter und die Nelken. Das Ganze zwei Stunden lang gar werden lassen. Anschließend das Fleisch auf eine vorgewärmte Platte geben und aus dem Sud eine leckere Soße zubereiten. Dazu Knödel und Rotkohl: Lecker.

Ich hatte schon mal Gäste hier am Tisch, auf dem diese Pfeffermühle stand. Die haben sich Weingläser bestellt, und ich habe gefragt, welchen Wein sie gern zu ihren Gläsern hätten. Da sagten die: „Wir nehmen den Hauswein hier auf dem Tisch, dankeschön".

Die beiden beschließen, den Fisch nicht ganz so stark zu würzen. Dennoch kommt natürlich wie immer, wenn Horst Fisch zubereitet, Worcestersoße daran und Pfeffer aus seiner „jecken" Pfeffermühle, die wie eine Weinflasche aussieht.

Lang: Ich mag so gerne Knoblauch! Aber wenn ich den nächsten Tag trainiere, dann rieche ich natürlich etwas streng. Heute darf ich keinen Knoblauch essen, denn ich habe nachher noch Termine.

Horst: Dann denken deine Gegner nachher: Nee, was ist die hübsch, und intelligent ist sie auch noch, aber riechen tut die, iiih! Probier mal unser Sößchen.

Lang: Das ist so ein richtiges Sößchen à la dich!

Kurz darauf zischt der Fisch in der Pfanne und Daisy Lang möchte wissen, wie Horst das Gericht denn nenne.

Horst: Seeteufelchen à la Daisy. So, wie immer kommt der Fisch jetzt noch in den Backofen, da wird er schön langsam gar. Dabei verliert er keinen Saft und bekommt Hitze von allen Seiten. Und diesmal tun wir wirklich nur ganz kleine Butterflöckchen obenauf. Das fällt mir sehr schwer, denn normalerweise nehme ich ja immer gerne ordentlich Butter. Und jetzt machen wir noch unsere Nüdelches, und dann sind wir gleich fertig.

Lang: Das war aber schnelles Kochen. Und das wird bestimmt lecker. Das ist ja eine Kunst, was du hier machst. Nicht nur Kochen, sondern auch die Leute unterhalten.

Die Boxerin macht Horst Komplimente wegen seiner schön klingenden, beruhigenden Stimme, sie sei „so wie die einer Mutter, die ihren Kindern Märchen erzählt". Und Horst bekennt, dass er das in letzter Zeit öfter gehört hätte, aber Daisy habe es besonders süß gesagt. Flugs hat Horst wieder eine seiner berühmten Platten dekoriert, und es geht zu Tisch. Die Co-Köchin schaut sich an, was Horst angerichtet hat.

Lang: Wow, das sieht aber richtig gesund aus. Gib mir doch ein kleines Stückchen, für mich muss es immer klein sein, ich kann nicht so viel auf einmal essen.

Weltmeisterin Daisy Lang verspeist, wie sie vorher ankündigte, nur eine kleine, eine winzige Portion. Aber es schmeckt ihr hervorragend. Zum Essen trinkt sie Mineralwasser, auf den Kaffee danach verzichtet sie, schließlich hatte sie vorhin schon einen. Die beiden plaudern über Formel I und die Schumis, über Heinz-Harald Frentzen und Boris Becker. Horst fragt Daisy Lang nach den Filmen, die sie bereits gedreht hat und die sie für die Zukunft plant. Die Boxerin erzählt, dass sie bereits mit Jean-Claude van Damme drehte, dabei aber nur eine ganz kleine Rolle gespielt habe. Momentan stehe ein Projekt mit Mel Gibson an; derzeit drehe sie einen weiteren Action-Film und sei sehr gespannt, wie sie sich darin bewähre. Ihr Traum sei es, einmal Bond-Girl zu sein. Wenn es denn soweit ist, wünscht sich Horst: „dann nimmst du mich aber als deinen Leibkoch mit".

Horst: Weißt du, was ich hoffe? Wenn bald dieses Buch erscheint, dann ist da ja bestimmt ein gemeinsames Foto von uns drin, und dann kannst du sagen: Ich habe mit Jean-Claude van Damme Filme gedreht und mit Horst Lichter aus Butzheim gekocht.

Horst will sich ausschütten vor Lachen. Daisy Lang wünscht sich ein Stückchen Brot für die Soße. Sie tunkt und kaut und tunkt und kaut – das Sößchen hat es ihr offenbar angetan. Daisy und Horst kleben gemeinsam eine Autogrammkarte in Horsts Gästebuch.

Lang: Ich werde dazu schreiben, dass es hier ein Vergnügen war.

Horst: Du musst aber nicht dazuschreiben, dass du dabei lächeltest.

Seeteufel à la Daisy, „Sößchen à la dich“

Zutaten für 4 Personen:

800 gr. Seeteufel
150 gr. kernlose Weintrauben
1 Gemüsezwiebel
1 Bund Möhren
1 mehliger Apfel
0,5 l Bratensaft
2 Zucchini
2 Stangen Porree
2 TL Honigsenf
300 gr. Nüdelchen

Möhren schälen, in feine Scheiben schneiden, die **Zwiebeln** grob würfeln. **Apfel** ungeschält aber entkernt achteln. **Zucchini** schälen und in ca. 1 cm dicke Scheiben schneiden. **Porree** gut waschen und ebenfalls in ca. 1/2 cm dicke Ringe schneiden. Das Ganze mit ein wenig Butter andünsten. Die Weintrauben dazu geben und mit Bratensaft auffüllen. Ca. 15 bis 20 Minuten zugedeckt köcheln lassen. Abschmecken mit Honigsenf, Salz, einer Prise Zucker und Knoblauch nach Geschmack.
Den **Seeteufel** mit Salz, Pfeffer und Worcestersoße würzen, in einer Butterpfanne kurz anbraten und im Backofen ca. acht Minuten bei 200 Grad garen lassen. Am schönsten wird der Fisch auf dem Gemüse angerichtet. Dazu unsere Nüdelchen.

wein für alle!
rotweiss

2000er Sancerre AOC, Domaine la Moussière (Alphonse Mellot) Loire, Frankreich
Ca. € 12,50 bei rotweiss.

Die Aufgabe war es, einen wirklich stabilen und raffinierten Weißwein als Partner für den Seeteufel zu finden. Um es richtig schwierig zu machen, sollte es möglichst kein Chardonnay sein. Früher oder später kommen alle einmal beim Sancerre an. Mitten in der Hochburg des Sauvignon Blanc kreiert Mellot unbeirrt seine klassischen Loire-Preziosen. Auch im Konzert mit Gemüse und Gewürzen ist dieser Wein eine Klasse für sich.

Alles auf einen Blick

Gabriela Picariello

Lammfilet mit Strauchbohnen und Vollkornnudeln unter Blätterteig

Zutaten für 4 Personen:

12 Lammfilets
500 gr. Strauchbohnen
200 gr. durchwachsener Speck mit Schwarte
1 Boskopapfel
300 gr. Crème fraîche
400 gr. Vollkornnudeln
4 Scheiben Blätterteig
1 Bund Schnittlauch
100 gr. Kräuterbutter
1 Chinakohl
8 Zehen Knoblauch
Olivenöl
1 großer Bund Basilikum
1 großer Bund Bohnenkraut
4 Tl Honigsenf

Lammfilets, bereits vom Metzger gehäutet, mit Salz, Pfeffer und ca. 4 bis 6 Zehen Knoblauch würzen und ziehen lassen.
Nudeln wie immer mit etwas Salz und Öl ca. 8 Minuten kochen.
Die **Bohnen** in einem flachen Bräter in Wasser aufsetzen, die Schwarte vom Speck, Salz, Zucker und die Blätter vom Bohnenkraut dazu geben in rund 5 bis 6 Minuten knackig kochen.
Für die **Soße** Speck in ca. 1 cm dicke Streifen schneiden, in einer tiefen Pfanne schön anbraten, den entkernten, aber nicht geschälten und in grobe Stücke geschnittenen Apfel und Honigsenf dazu und kurz andünsten. Dazu den Rest Knoblauch, Crème fraîche obendrauf und die Hälfte des Basilikums (in Streifen geschnitten). Nur noch leicht einreduzieren lassen.
Jetzt muss alles schnell gehen: Nudeln in die Auflaufform geben, Kräuterbutterflocken dazu geben und fein geschnittenes Schnittlauch, mit Blätterteig bedecken und im Backofen bei Oberhitze schön braun backen. Kurz vor dem Anrichten mit Ei bestreichen und nachbacken.
Während die Nudeln backen, Lammfilet bei großer Hitze von beiden Seiten scharf anbraten, mit Kräuterbutter und dem Rest vom Basilikum bedecken und kurz nachziehen lassen.
Achtung: Die Lammfilets sollten innen noch rosa sein.
Vor dem Anrichten den in feine Streifen geschnittenen Chinakohl unter die Soße heben oder je nach Geschmack darüber streuen und über die Bohnen geben.

Gertrud Schnitzler-Ungermann

Entenbrust in Spinat, Orangensoße, Safran-Nudeln und gebackene Schlangengurke

Zutaten für 2 Personen:

2 große Entenbrüste (männlich)
250 gr. Blattspinat
50 gr. Würfelspeck
50 gr. Butter
3 Orangen ohne Kerne
1 Salatgurke
200 gr. Safran-Nudeln
50 gr. Kräuterbutter
150 gr. Sahne
2 Eier, Paniermehl, Mehl

Entenbrust mit Salz und Pfeffer würzen. In einer tiefen Pfanne von beiden Seiten anbraten. Danach in eine kleinere Pfanne geben, Kräuterbutter drauf und bei 160 Grad ca. 10 Minuten in den Backofen.
In die Pfanne, in der die Entenbrust angebraten wurde, kommt der Speck rein. Der gut gewaschene und in Streifen geschnittene **Spinat** kurz andünsten, dann die in Würfel (natürlich ohne Schale) geschnittenen Orangen rein und kurz aufkochen lassen. Jetzt die Sahne, Salz und Pfeffer dazu und einreduzieren lassen. Nach Geschmack Knoblauch dazu.
Die **Safran-Nudeln** in Salzwasser mit etwas Olivenöl ca. 2 Minuten kochen lassen und vor dem Servieren noch in Butter anschwenken. Fertig.
Salatgurke schälen und in ca. 2 cm dicke Scheiben schneiden, mit Mehl, Ei und Paniermehl panieren und in einer Butterpfanne goldbraun backen.

Joseph Anton Kruse

Alles mit Fisch: Seeteufel

Zutaten für 4 Personen:

5 Seeteufelfilets
400 gr. Kartoffel
2 Stangen Porree
2 rote Zwiebeln
1 Liter Gemüsebrühe
1 Bund Dill
1 Kopf Jaroma Royal
1 kleiner Blumenkohl
1 kleiner Broccoli
4 Zehen Knoblauch
250 gr. Crème fraîche
125 gr. Sahne
50 gr. Kräuterbutter
Sahnemeerrettich,
süßer Senf,
Salz, Pfeffer,
Rosenpaprika,
Worcestersoße

Kartoffeln, Porree und rote Zwiebeln gut waschen, schälen und in große Würfel schneiden.
Die vorgefertigte Gemüsebrühe aufsetzen, Kartoffeln, Porree, Blumenkohl und Zwiebeln dazu und ca. 15 bis 20 Minuten bei kleiner Hitze garen lassen. Kurz vor Ende der Garzeit den Broccoli dazu geben.
Für die **Fischsoße** 1 Seeteufelfilet in feine Streifen schneiden, mit Knoblauch und fein gehacktem Dill kurz andünsten. Jetzt Crème fraîche, 2 TL Senf, Sahnemeerrettich und Sahne dazugeben und bei kleiner Hitze ca. 10 Minuten einreduzieren lassen. Bei Bedarf mit Salz und Pfeffer nachwürzen.
Die restlichen **Seeteufelfilets** mit Salz, Pfeffer, Rosenpaprika und Worcestersoße würzen, leicht mehlieren und im Bräter von beiden Seiten kurz anbraten. Danach die Oberseite etwas einschneiden, mit Kräuterbutter bestreichen und im Backofen bei ca. 180 Grad ca. sechs Minuten garen lassen.
Den **Jaroma Royal** in vier Teile schneiden und die schönen, großen Blätter zum Dekorieren und Anrichten benutzen. Sie schmecken auch hervorragend als Rohkost zum Fisch.

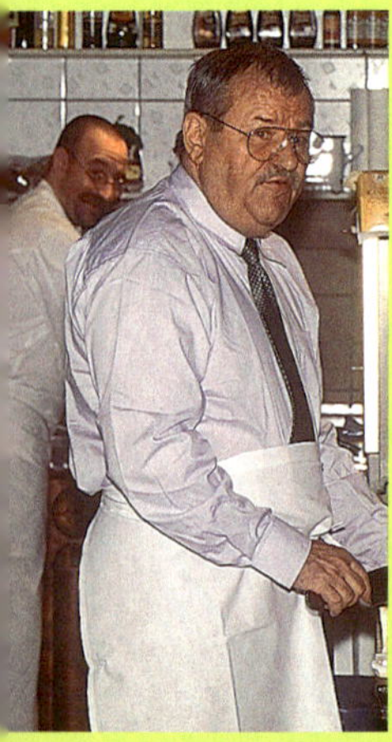

Bernd Hakenjos

Vogel Strauß-Filet in Tomatensoße mit einer gebratenen Sellerie

Zutaten für 2 Personen:

400 gr. Vogel Strauß-Filet (2 große Scheiben)
8 große Champignons
250 gr. Tomaten
1/2 Gemüsezwiebel
1 Sellerieknolle
200 gr. Crème fraîche
50 gr. Würfelspeck
50 gr. Butter
50 gr. Kräuterbutter
Salz, Pfeffer
Oregano
Knoblauch (groß)
1 Bund Blattpetersilie

Für die **Soße** Tomaten blanchieren und die Haut abziehen (sollte es eine große sein, in Würfel schneiden). In einer tiefen Pfanne den Speck mit ein wenig Butter kurz anbraten (nicht so scharf, sonst wird er hart). Fein gehackte Zwiebel und die Tomaten dazu geben, je nach Geschmack Knoblauch reinpressen und Crème fraîche obendrauf. Jetzt die fein geschnittene Blattpetersilie dazu und mit Salz, Pfeffer und Oregano würzen. Bei kleiner Hitze einreduzieren lassen.
Sellerie schälen und in feine Scheiben schneiden. In einer Pfanne mit etwas Butter (oder Öl) braun backen und vor dem Anrichten auf dem Küchentuch abtropfen lassen.

Jetzt das **Straußenfilet** mit Salz, Pfeffer und jede Menge Knoblauch würzen. In einer heißen Pfanne von beiden Seiten scharf anbraten, Kräuterbutter obendrauf und für ca. 5 Minuten (je nach Dicke) bei ca. 180 Grad in den Backofen. Das Fleisch sollte auf jeden Fall rosa sein.
Dazu schmeckt am besten ein dunkel gebackenes **Graubrot.**

Mischa Kuball

Hähnchen-Brust mit feinem Salat

Zutaten für 4 Personen:

4 Hähnchen-Brüste
1 Boskop-Apfel
1 Bund Schnittlauch
150 gr. Crème fraîche
1 Gemüsezwiebel
1 Bund Frühlingszwiebeln
1 EL Kräuterbutter
100 gr. Butter
500 gr. Kartoffel
50 gr. gewürfelter Speck
500 gr. Cherry-Tomaten
1 Bund Radieschen
1 TL süßer Senf, 1 Tl Honig
1 TL Sahnemeerrettich
2 Knoblauch-Zehen
4 große Creme-Champignons
Rübenkraut, Salz, Pfeffer,
Rosenpaprika, Zucker, Mehl, Olivenöl,
Balsamico-Essig
evtl. Wirsingblätter für die Dekoration

Als erstes die **Kartoffeln** schälen und kochen.
Für die **Soße** Frühlingszwiebeln in feine Streifen schneiden und in Kräuterbutter andünsten.
Die grob geschnittenen Creme-Champignons und den entkernten, aber nicht geschälten Boskop-Apfel dazu geben und mit 2 bis 3 TL Rübenkraut und Crème fraîche bei ganz kleiner Hitze köcheln lassen. Vor dem Servieren vielleicht noch mit einer Prise Salz abschmecken.
Die **Hähnchenbrüste** mit Salz, Pfeffer und Rosenpaprika würzen, mit Mehl bestäuben und in der Pfanne scharf anbraten. Danach mit Butter bedecken und im Backofen bei ca. 180 bis 200 Grad 10 Minuten garen lassen.
Speckwürfel und die in sehr große Stücke geschnittene Gemüsezwiebel in der Ölpfanne anbraten und die gekochten Kartoffeln dazu geben. Würzen nach Geschmack.
Mit Öl, Essig, Salz, Pfeffer, Zucker, Senf, Sahnemeerrettich, 1 Tl Honig, 2 Knoblauchzehen und einem Bund Schnittlauch die Salatsoße zubereiten und die halbierten Cherry-Tomätchen sowie die in feine Scheiben geschnittenen Radieschen darunter heben.

Monika Voss

Gefüllter Pfannekuchen mit Riesen-Gambas

Zutaten für 4 Personen:

4 Riesen-Gambas oder 8 kleinere
3 Eier
1 Bund Radieschen
200 gr. Cherry-Tomaten
2 Zucchini
1 Aubergine
250 gr. kernlose Weintrauben
1/4 Liter Weißwein
250 gr. Sahne
50 gr. Kräuterbutter
3 TL Sahnemeerrettich
Mehl, Milch,
süßer Senf mit Apfelwein und Walnüssen,
Ingwer, Balsamico-Essig, Olivenöl
Knoblauch, Salz, Pfeffer, Zucker

Für den **Pfannekuchenteig** 3 Eier aufschlagen und mit Instant Mehl und Milch leicht flüssig rühren.
Zucchini und Aubergine in große Würfel schneiden und in ca. 25 gr. Kräuterbutter andünsten. Weintrauben dazu, mit Weißwein auffüllen und ca. 10 Minuten köcheln lassen. Mit Knoblauch, Salz, Pfeffer und etwas Zucker nachwürzen.
Gambas mit Ingwer und Knoblauch würzen und in Olivenöl und der verbleibenden Kräuterbutter braten bis sie schön rot sind. Danach aus der Pfanne nehmen, in den Sud 1 TL Sahnemeerrettich und Senf geben, mit Sahne auffüllen und einreduzieren lassen. Anschließend die geschälten Gambas wieder in die Soße geben und ziehen lassen.
Für die **Salatsoße** Olivenöl, Balsamico-Essig, 2 TL Sahnemeerrettich, 2 TL Senf, Salz und Zucker vermengen und kurz vor dem Servieren über die in feine Scheiben geschnittenen Radieschen und geviertelten Cherry-Tomätchen gießen.
Die Pfannekuchen dünn backen und mit den Gambas und der Soße füllen.

Bärbel Höhn

Pellkartoffeln mit Champignonsalat

Zutaten für 4 Personen:

Ca. 500 gr. große Kartoffeln
Ca. 400 gr. schöne große, weiße Champignons
8 weiße Zucchinis (es können auch grüne sein)
4 Knoblauch-Zehen

2 TL Sahnemeerrettich
50 ml. Sahne
200 gr. Joghurt
3 Eier
2 TL süßer Senf
Mehl, Paniermehl, Balsamico-Essig,
Salz, Pfeffer, Zucker,
Dill, Schnittlauch

Pellkartoffeln wie üblich kochen.
Für die **Salatsoße** den Joghurt mit der Sahne verrühren, 1 Schnapsglas Balsamico-Essig, Senf, Sahnemeerrettich, die fein gehackten Kräuter und den gepressten Knoblauch dazu geben. Mit Salz, Pfeffer und Zucker abschmecken.
Champignons in grobe Streifen schneiden und vorsichtig unterheben.
Zucchinis schälen und in ca. 1 cm dicke Streifen schneiden. Mit Mehl, Ei und Paniermehl vorsichtig panieren und in einer Ölpfanne ausbacken und zum Schluss noch ein Stück Butter zum Nachbräunen.

Jürgen Büssow

Schweinefilet im leckeren Sößchen

Zutaten für 4 Personen:

2 Schweinefilet
1 Bund Basilikum
150 gr. Rucola-Salat
1 Blumenkohl
150 gr. durchwachsener Speck
1 rote Zwiebel
6 große Möhren
3 Eier
200 gr. Crème fraîche
1 Schnapsglas Calvados
1 Bund Dill/Schnittlauch
Süßer Senf, Salz, Pfeffer, Zucker, Knoblauch, Rosenpaprika

Den ganzen **Blumenkohl** in Gemüsebrühe aufsetzen, dazu die Schwarte vom Speck und die Knorpel – das gibt einen besonderen Geschmack. Nach dem Aufkochen sofort vom Herd nehmen und ziehen lassen.

Für die **Soße** den in Würfel geschnittenen Speck in Kräuterbutter mit fein gehackten Zwiebeln kurz anbraten. Rucola in groben Stücken dazu und mit Calvados ablöschen.
Crème fraîche obendrauf und auch die Basilikumblätter. Salz, Zucker, viel frischen Knoblauch, fein gehackter Dill und Schnittlauch je nach Geschmack dazu und einreduzieren lassen.
Die **Schweinefilet** in ca. 3 cm dicke Scheiben schneiden. Mit Salz, Pfeffer, Rosenpaprika würzen und mit Senf bestreichen. In einer Ölpfanne kurz anbraten (Vorsicht: der Senf brennt schnell an!). Kräuterbutter obendrauf und im Backofen ca. 10 Minuten garen lassen.
Für das **Möhrenei** die in feine Scheiben geschnittenen Möhren in der Butterpfanne anbraten, die drei aufgeschlagenen und mit Salz und Pfeffer gewürzten Eier darüber gießen und im Backofen schön braun backen.

Marie-Luise Smeets

Kohlroulade ohne Kohl

Zutaten für 4 Personen:

500 gr. Schweinerücken
1 großer Spitzkohl
4 dicke Stangen Porree
400 gr. Kartoffeln
50 gr. Butter
50 gr. Kräuterbutter
2 Kohlrabi
3 Eier
süßer Senf, Paniermehl
Salz, Pfeffer, Rosenpaprika, Muskat

Schweinerücken in dünne Scheiben schneiden, würzen und in die blanchierten Spitzkohlblätter eindrehen.
Porreeblätter in ca. 10 cm lange Streifen schneiden, mit Senf bestreichen, um die Spitzkohlblätter wickeln und mit einem Bindfaden zuknoten. Danach mit Kräuterbutter bedecken und ca. 15 Minuten bei ca. 200 Grad im Backofen backen.
Kartoffeln schälen und knackig kochen. Anschließend in dicke Scheiben schneiden und in Ei und Paniermehl wenden. Kurz vor dem Anrichten in einer Öl- oder Butterpfanne braun backen.
Kohlrabi schälen, in feine Streifen schneiden und in Butter ausbacken.

Manfred Kronen

Steinbeißer mit Spezial-Kartöffelchen

Zutaten für 4 Personen:

Ca. 900 gr. (oder 8 Scheiben) Steinbeißer
4 Chicorée
2 Pakete Kresse
500 gr. Kartoffel
1 Bund Frühlingszwiebel
150 gr. Crème fraîche
Sahnemeerrettich
8 Zehen Knoblauch
1 Kopf Lollo Rossa
1 Kopf Romana Salat
1 Zwiebel
50 gr. Speck
50 gr. Butter
1 Bund Dill/Schnittlauch
Olivenöl, Balsamico-Essig, Öl,
Salz, Pfeffer, Zucker, Senf, Worcestersoße

Für die **Salatsoße** Olivenöl, Balsamico-Essig, Salz, Pfeffer, Zucker, Sahnemeerrettich, gebratenen Speck, Zwiebelwürfel und die gehackten Kräuter vermengen.
Für die **Soße zum Fisch** den fein geschnittenen Chicorée mit Zwiebeln in Butter andünsten, 2 TL Senf, Sahnemeerrettich, Crème fraîche und die Kresse dazu und einreduzieren lassen. Danach mit Salz, Pfeffer und einer Prise Zucker abschmecken.
Die **Kartoffeln** kochen, in einer tiefen Pfanne die Frühlingszwiebeln mit ordentlich Knoblauch dünsten, die Kartoffeln dazu geben und braun backen. Mit Salz und Pfeffer nachwürzen.
Den **Steinbeißer** mit Salz, Pfeffer und Worcestersoße würzen und leicht mehlieren. In der Butterpfanne kurz von beiden Seiten anbraten. Mit Butter bedecken und im Backofen bei ca. 160 Grad fünf Minuten backen.

Helmut Becker

Butzheimer Bachforelle mit Spargel und Gurkengemüse

Zutaten für 4 Personen:

4 schöne Bachforellen
2 Gurken
1 große Zwiebel
300 gr. Crème fraîche
100 gr. Walnüsse
400 gr. Kartoffel
150 gr. Butter
Spargel

1 TL Tomatenmark
4 TL süßer Senf
1 Kopf Eichblattsalat
1 Bund Dill und Schnittlauch
Olivenöl, Balsamico-Essig,
Salz, Pfeffer, Zucker

Gurken schälen, in ca. 2 cm dicke Scheiben schneiden und in einer Messerspitze Butter andünsten. 2 TL Senf und Tomatenmark dazu geben und weiter kurz dünsten. Crème fraîche dazu, kurz aufkochen lassen und mit einer Prise Salz und Pfeffer abschmecken.
Die geschälten **Kartoffeln** kochen und kurz vor dem Anrichten in einer Butterpfanne mit feingehackten Zwiebeln und den Walnüssen braun backen.
Den **Spargel** schälen, in einem großen Topf mit Wasser, Salz, Zucker und Butter ca. 20 Minuten garen.
Die **Forellen** gut waschen und mit Salz, Pfeffer und Worcestersoße würzen. Danach in der Ölpfanne kurz anbraten, mit Butterflocken bedecken und im Backofen fertig garen.
Für die **Salatsoße** Olivenöl, Balsamico-Essig, Salz, Pfeffer, Zucker, 2 TL Senf und die fein gehackten Kräuter vermengen.

Daisy Lang

Seeteufel à la Daisy, „Sößchen à la dich"

Zutaten für 4 Personen:

800 gr. Seeteufel
150 gr. kernlose Weintrauben
1 Gemüsezwiebel
1 Bund Möhren
1 mehliger Apfel
0,5 l Bratensaft
2 Zucchini
2 Stangen Porree
2 TL Honigsenf
300 gr. Nüdelchen

Möhren schälen, in feine Scheiben schneiden, die Zwiebeln grob würfeln. **Apfel** ungeschält aber entkernt achteln. **Zucchini** schälen und in ca. 1 cm dicke Scheiben schneiden. **Porree** gut waschen und ebenfalls in ca. 1/2 cm dicke Ringe schneiden. Das Ganze mit ein wenig Butter andünsten. Die Weintrauben dazu geben und mit Bratensaft auffüllen. Ca. 15 bis 20 Minuten zugedeckt köcheln lassen. Abschmecken mit Honigsenf, Salz, einer Prise Zucker und Knoblauch nach Geschmack.

Den **Seeteufel** mit Salz, Pfeffer und Worcestersoße würzen, in einer Butterpfanne kurz anbraten und im Backofen ca. acht Minuten bei 200 Grad garen lassen.

Am schönsten wird der Fisch auf dem Gemüse angerichtet. Dazu unsere Nüdelchen.

Noch mehr Rezepte

Arme Ritter 90
Asia-Pfanne 62
Baby Burger 113
Bäckerinnen-Kartoffeln 18
Carpaccio vom Loup de Mer 123
Falsches Schnitzelchen 89
Himmel und Ääd 51
Holländische Poffertjes 52
Jaroma Royal mit Specksoße 41
Jaroma Royal-Krautsalat 41
Kalte Schnauze 90
Kohlroulade mit Wirsing 108
Kräuterbutter 101
Pfannkuchen süß 76
Spinatsalat 33
Stallkaninchen 151
Stampige Suppe 42
Stielmuseintopf 30

Tipps und Tricks

Blumenkohl kochen 100
Forelle filetieren 141
Gemüse panieren 87
Knitschgrüne Bohnen 22
Mehlieren 44
Pfannekuchen wenden 75
Soßen probieren 66
Worcestersoße an Fisch 138
Zwiebeltrick 56

Bezugsadressen

Fisch: Peters & Fischer, Köln, Tel. 02 21 / 17 26 64
Poisson d'Or Saitto, Düsseldorf, Tel. 02 11 / 72 40 11
Gemüse: Hofladen, Gärtnerei Peters, Dormagen, Tel. 0 21 33 / 6 12 00
Jaroma fruit growing corporation, 41812 Erkelenz
Senf: Senfmühle Wolfgang Steffens, Cochem / Cond, Tel. 0 26 71 / 60 76 65

Über die Autorin:

Martina Vogt textet für und über Düsseldorf. Zuletzt schrieb sie für die Reihe Droste●Regional das Buch „Erleben und genießen". Als Chefredakteurin betreut sie den Restaurantführer „Düsseldorf geht aus!" und den Einkaufsführer „Düsseldorf kauft ein!".

Über den Fotografen:

Michael Lübke fotografiert in Düsseldorf für Presse, Werbung und Dokumentation Leute, Läden und Landschaften – am liebsten aber seine beiden Töchter. Er fotografierte u.a. auch für das Buch „Erleben und genießen".

Die Deutsche Bibliothek – CIP-Einheitsaufnahme
Kurios köstlich : Horst Lichter kocht mit Gästen / Martina Vogt.
Mit Fotos von Michael Lübke. - Düsseldorf : Droste, 2001
ISBN 3-7700-1144-9

Gestaltungskonzept: Petra Schneider
Coverfoto: Michael Lübke
Druck und Bindung: Druckhaus Cramer, Greven
ISBN 3-7700-1144-9

Alt bewährt
Schlösser. Das Alt.

Kurios köstlich: Hallo Ihr Lieben!

Der Fernsehkoch Horst Lichter: Koch aus Leidenschaft und rheinisches Unikum. Seine Co-Köche: Eine illustre Schar aus Showbiz, Kunst und Politik. Die Kulisse: Horst Lichters Restaurant „Oldiethek“ in Rommerskirchen-Butzheim, eine verrückte Welt aus Antiquitäten, Kunst und Trödel, schräg, schrullig, kurios eben. Die Rezepte: Lichter-typische, leicht nachzuahmende Kreationen mit viel Senf, Sahne, Butter und Liebe – garniert mit Gesprächen über Gott und die Welt.

Mit dabei waren:
Helmut „Auto“ Becker, Jürgen Büssow, Bernd Hakenjos, Bärbel Höhn, Manfred Kronen, Joseph A. Kruse, Mischa Kuball, Daisy Lang, Gabriela Picariello, Gertrud Schnitzler-Ungermann, Marlies Smeets, Monika Voss.

Droste Regional

ISBN 3-7700-1144-9
9 783770 011445